LES GRANDES

QUESTIONS SOCIALES.

—

AUTRES OUVRAGES DE M. L'ABBÉ LE GUILLOU.

BEAUTÉS DE LA SAINTE BIBLE, illustrées d'après les grands Maîtres, avec des Réflexions morales, en 2 beaux volumes in-4°, ornés chacun de cinquante magnifiques gravures reproduisant les plus belles toiles de Raphaël, Rubens, le Poussin, Murillo, Jouvenet et autres célébrités, et, en outre, de deux portraits, dont l'un représente le Saint-Père, d'après un dessin fort ressemblant de Busato. Ouvrage sortant des presses de MM. Fischer fils, de Londres, proprement relié, doré en tête, avec dos de maroquin. Prix net : 100 fr.

LE MÊME OUVRAGE sur grand papier, avec les gravures sur Chine, très-belle demi-reliure. Prix net : 300 fr.

Les deux éditions de cet ouvrage sont à peu près épuisées.

NOUVELLES ÉTUDES religieuses et morales *sur la sainte Bible*, ou choix des passages les plus remarquables des Livres saints, nouvellement traduits, avec des réflexions selon l'esprit de l'Église et des Pères, réfutant les principales erreurs des temps modernes. Ouvrage dédié à Mgr Ant. Garibaldi, Nonce apostolique à Naples ; approuvé par plusieurs Évêques, et honoré d'un bref spécial de N. T. S. P. le Pape. Deuxième édition, augmentée. Un fort et beau vol. in-12. 3 fr. 50 c.

LA FOI, L'ESPÉRANCE ET LA CHARITÉ, *opposées à l'indifférence, au désespoir et à l'égoïsme du siècle*, et VÉRITABLE THÉORIE DU BONHEUR ; ouvrage approuvé par plusieurs Évêques, et adopté par le haut conseil de l'Instruction publique. Troisième édition, considérablement augmentée. 1 beau et fort vol. grand in-18, orné d'une très-jolie gravure. 3 fr.

Cette nouvelle édition renferme des considérations de la plus haute importance et de l'à-propos le plus piquant, sur l'influence des arts en matière de morale, et particulièrement sur la musique, les danses, la lecture des romans et des feuilletons de certains journaux. Le succès toujours croissant que ce livre obtient, et le bien sensible qu'il produit, sont une preuve journalière qu'il est une digue puissante en face de la corruption, des scandales et des malheurs de notre époque, et à la fois un des plus précieux antidotes contre les doctrines perverses qui menacent sans cesse la société.

Paris. — Typographie de Firmin Didot frères, rue Jacob, 56.

LES GRANDES

QUESTIONS SOCIALES,

AU POINT DE VUE BIBLIQUE,

PAR

M. L'ABBÉ C. M. LE GUILLOU.

Ubi spiritus Domini, ibi libertas!
Là où est l'esprit de Dieu, là est la liberté!
Saint Paul, 2. Cor., 3, 17.

———— ⁜ ————

PARIS,

SAGNIER ET BRAY, LIBRAIRES-ÉDITEURS,

RUE DES SAINTS-PÈRES, 64.

—

1850.

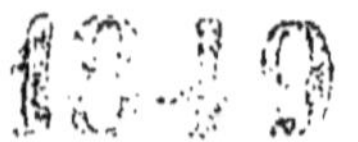

PRÉFACE.

Si l'on nous demandait la pensée intime qui nous a inspiré ces études sur LES GRANDES QUESTIONS SOCIALES *au point de vue biblique*, et les motifs qui nous ont engagé à les publier à part de l'ouvrage où nous les donnons en abrégé comme Études préliminaires (1), nous dirions simplement que nous venons porter le tribut de tous nos vœux, de toutes nos forces, de tout notre cœur, à la sainte défense de ces vrais principes sans lesquels il n'y a point de société possible.

Nous nous adressons, plein de confiance, à quiconque cherche la vérité avec un cœur droit. Nous ne venons pas présenter ici des systèmes nouveaux, défendre telle ou telle utopie sociale plus ou moins merveilleuse en apparence, et de fait plus ou moins stérile. Nous essayons, sous les yeux de notre mère la sainte Église catholique, apostolique, romaine, à laquelle sont consacrés nos sentiments, nos pensées et nos écrits, nous essayons de concilier aux saintes Écritures un plus grand respect, au moment où le génie du mal fait plus d'efforts que jamais pour les éluder ou en abuser. C'est à la clarté féconde de leur flambeau divin, que nous affrontons les idées les plus graves qui agitent les esprits de nos jours, et que nous combattons résolûment *les impiétés monstrueuses de ces hommes pervertis qui ne cessent de former les plus coupables complots pour renverser tous les droits divins et humains* (2).

Nous l'avouons avec la modestie qui sied à notre humble condition : notre zèle, notre courage, notre force, et qu'on nous permette d'ajouter notre espérance, sont dans la bonté de notre cause.

Cette cause est la cause du peuple, qui souffre et qui pourrait moins souffrir; la cause de la patrie, qui, ébranlée par mille

(1) NOUVELLES ÉTUDES religieuses et morales *sur la sainte Bible*, etc.

(2) BREF de S. S. le Pape PIE IX à Mgr l'Archevêque de Paris, en date du 30 novembre 1849, contre les déplorables erreurs de l'abbé Chantôme.

agitations intestines, voit languir ses glorieuses destinées; la cause de la Religion, qui doit gémir à la pensée de ses bienfaits méconnus.

« L'Église n'ignore pas que, d'un côté, les classes pauvres sont parfois exigeantes, insubordonnées, menaçantes; mais elle sait bien aussi que, de l'autre, on les a démoralisées en les rendant irréligieuses; elle sait qu'on a rendu leurs murmures sous certains points légitimes, en rendant leur misère souvent inévitable et quelquefois excessive, sans même laisser à cette misère du corps aucune compensation dans l'âme.

« Cette situation est trop violente pour être durable, surtout parmi nous. Il faut en sortir absolument; et ce serait par de nouvelles catastrophes, si ce n'était par une amélioration à tous les degrés.

« Pour que les peuples cessent d'être matériellement à craindre, il faut qu'ils deviennent matériellement meilleurs; or, les peuples ne s'amélioreront qu'autant qu'ils recevront l'impulsion et l'exemple des classes qui les gouvernent et qui les dominent.

« La question tout entière de tout notre avenir est là. Elle n'est pas tant dans la forme des gouvernements que dans leur moralité (1) »

Ce n'est donc pas la copie mesquine d'un passé quelconque qu'il s'agit de refaire, mais il s'agit de convier tous les hommes de cœur et d'intelligence à consolider quelque chose de plus grand qu'une charte, de plus durable qu'une dynastie, les principes éternels de la religion et de la morale, en même temps que les règles nouvelles d'une saine politique.....

On a souvent dit que, lorsqu'on parle honneur, il y avait écho en France. Espérons que lorsqu'on y parle raison, on trouvera un retentissement égal dans les esprits comme dans les cœurs des hommes, avant tout, fidèles à leur foi et dévoués à leur pays!

(1) Mgr PARISIS, évêque de Langres. LA DÉMOCRATIE *devant l'enseignement catholique*, vers la fin.

LES GRANDES QUESTIONS SOCIALES

AU POINT DE VUE BIBLIQUE.

SOMMAIRES DES ÉTUDES.

I. — Augustin dans ses égarements. — Sa soif de la vérité.
— Il lit les saintes Écritures. — Sa conversion franche
et persévérante. — Vraie source du bonheur.

II. — Les scandales inévitables : — le scepticisme, l'hérésie, le schisme; — ou les philosophes, les protestants,
les jansénistes.

III. — Action du mépris, de l'abus et de la fausse interprétation des Livres saints, pour jeter la confusion dans
les idées et le trouble partout.

IV. — Progrès et réformes : — liberté d'enseignement,
assistance publique, droit au travail; — bureaucratie, —
décentralisation, unité de gouvernement; — socialisme
et autres utopies modernes.

V. — Attaques incessantes contre l'Église : — leur motif,
leur nature, leur impuissance.

VI. — Le quatrième précepte du Décalogue, condition essentielle de l'existence de toute société.

LES GRANDES
QUESTIONS SOCIALES,
AU POINT DE VUE BIBLIQUE.

I.

Augustin dans ses égarements. — Sa soif de la vérité. — Il lit les saintes Écritures. — Sa conversion franche et persévérante. — Vraie source du bonheur.

Voici près de quinze siècles que l'un des plus beaux génies qui ait émerveillé la terre errait dans le doute, malheureux esclave d'insatiables passions, mais avide de la vérité, et tout prêt à livrer son pauvre cœur aux salutaires influences de sa douce lumière, s'il parvenait à percer le nuage épais qui la dérobait à ses investigations.

Augustin, frappé du vide que laissait dans son âme, encore sans foi, la lecture des livres qui n'enseignaient que la science humaine, saisi d'un dégoût profond pour tout ce qui jusqu'alors avait captivé son esprit et ses sens, mû d'un ardent désir de trouver un abri où il ferait reposer tranquilles son intelligence fatiguée et sa volonté chancelante; Augustin prend un jour, d'une main ferme et généreuse, le livre des saintes Écritures; il l'ouvre, lit, et soudain quel changement étrange! Dans quelques lignes, il semble qu'il a tout vu, tout entendu, tout compris; il croit, il adore!...

1

Cependant une dernière et terrible lutte s'engage en son âme entre le vice et la vertu, la nature et la grâce, le monde et Dieu. Augustin, confus de sa faiblesse, s'humilie devant le Seigneur, et, par une fervente prière, l'appelle à son secours, et assure le triomphe de sa grâce. Mais il lui faut un guide qui le conduise dans la voie du salut où il a mis le pied, et l'empêche de s'en écarter jamais ni à droite ni à gauche : il le trouve dans le saint archevêque de Milan. Augustin écoute Ambroise expliquer l'Évangile à un peuple ravi de l'éloquence et de l'onction de sa parole, et se fait l'enfant docile d'un père assez heureux pour le régénérer dans les eaux saintes du baptême, l'initier aux ineffables joies d'une vie nouvelle en Jésus-Christ, et ouvrir pleinement ses yeux à l'incomparable lumière venue au monde pour éclairer tout homme de bonne volonté. Désormais donc les ténèbres fuient ses regards; il ne confond plus l'ombre avec la réalité; il touche au doigt le néant de tout ce qui est ici-bas; il reconnaît la raison des cruelles incertitudes qui l'ont accablé si longtemps; il secoue le joug des passions qui l'asservissent, et livre ses épaules meurtries au fardeau léger du divin Maître qui le rend libre; en un mot, il tient le secret du bonheur, secret infaillible qu'il se hâte de nous dévoiler dans ces courtes et admirables paroles : *Fecisti nos ad te, Deus, et irrequietum est cor nostrum, donec requiescat in te.* Vous nous avez créés pour vous, ô Dieu, et notre cœur est sans repos jusqu'à ce qu'il le prenne en vous !...

En effet, Dieu est le centre de toutes les perfections infinies : de la sainteté, de l'amour, de la vie, de la sagesse, de la vérité, de la lumière, de la justice, de la miséricorde, de la beauté, de la magnificence, de la paix et du bonheur ! Quiconque n'aspire point à lui ne peut qu'aller se perdre dans un abîme de souveraine dégradation, de corruption, de haine, de mort, de folie, de mensonge, de ténèbres, d'i-

niquité, d'endurcissement, de laideur, d'épouvante, de
trouble et de tous maux !

Aussi Jésus-Christ disait-il : « Cherchez d'abord le royaume
« de Dieu et sa justice ; et ne vous inquiétez aucunement
« du reste, qui vous sera donné comme par surcroît (1). »

Mais le monde affecte de méconnaître et de ne pas écouter Jésus-Christ (2). Il préfère s'abandonner à des pensées
frivoles, extravagantes et coupables, et c'est pour cela que
le divin Sauveur le frappe d'anathème : *Væ mundo a scan-
dalis* (3) ! De sorte, hélas ! que nous n'avons qu'à calquer
ici une triste pensée du prophète-roi : « L'homme est au
comble de l'honneur, et il ne le comprend point ; au lieu
de monter vers Dieu et de se revêtir de la divinité, en re-
portant tous ses soins sur la vie de son âme, il ne rougit
pas de descendre au niveau de la brute et de s'assimiler à
elle, en demeurant l'esclave de ses sens (4). »

Le langage d'Augustin converti est une solennelle protes-
tation contre l'esprit du monde, et justifie admirablement
les profondes réflexions de l'auteur de l'Imitation sur la
vraie source du bonheur : « Celui à qui le Verbe éternel se
« fait entendre est débarrassé de bien des opinions. Toutes
« choses ne viennent que de ce Verbe, toutes choses ne
« parlent que de lui, et c'est lui le Principe qui nous
« parle (5). Sans lui, personne n'a ni intelligence ni ju-
« gement droit. Celui pour qui toutes choses sont une
« même idée, et qui rapporte toutes choses à cette même
« idée, et qui voit toutes choses dans cette unique idée,

(1) Matth., 6, 33.

(2) *Mundus eum non cognovit.* Joan., 1, 10.

(3) Matth., 17, 18.

(4) *Homo cum in honore esset, non intellexit : comparatus est ju-
mentis insipientibus, et similis factus est illis.* Ps. 48, 21.

(5) *Dicebant ei : Tu quis es? Dixit eis Jesus : Principium qui et
loquor vobis.* Joan., 8, 25.

« peut demeurer ferme, et jouir en Dieu d'une paix cons-
« tante. O Vérité, qui êtes Dieu même, unissez-moi in-
« timement à vous dans une éternelle charité ! Je m'en-
« nuie souvent de tant lire et de tant écouter ; c'est en
« vous que se trouve tout ce que je veux, tout ce que je
« désire. Que tous les docteurs se taisent, que toutes les
« créatures gardent le silence devant vous ; parlez-moi vous
« seul (1) ! »

Ce fut là le changement qu'opéra la puissance de la parole de Dieu dans le cœur d'Augustin, qui se montra si docile aux vives impressions qu'il en recevait. A son exemple,
que d'âmes flottantes ou égarées, venant à lire les saintes
Écritures, ont-elles été soudain frappées d'un éclair de
salut qui les ramenait à Dieu !

Xavier s'arrête un jour à ces mots des Livres saints : « Que
« sert à l'homme de gagner l'univers, s'il vient à perdre son
« âme (2) ? » et à l'instant Dieu seul devient son partage, et
bientôt l'ardeur de son zèle en fait l'apôtre des Indes.

Antoine entend rappeler dans un sermon ce verset de
l'Évangile : « Si vous voulez être parfaits, allez, vendez ce
« que vous avez, et donnez-le aux pauvres ; puis, venez et
« suivez-moi ! (3) » et aussitôt, pour ne plus posséder que
Dieu seul, il quitte ses parents et s'enfonce dans le désert,
où il se voit entouré d'une famille nouvelle, qui, loin des
dangers du monde, marche, à son exemple et sous sa conduite, dans la voie de toutes les vertus les plus parfaites.

Une foule d'autres, ouvrant les Livres saints, parvien-
nent à comprendre la portée de ce sage avis du divin Maître : « Ne vous embarrassez pas d'amasser des trésors sur
« la terre, où la rouille et les vers font ravage, et où les vo-

(1) IMITATION DE J. C., liv. I, ch. 3, § 2. Essai de notre traduction
nouvelle.
(2) MATTH., 16, 26.
(3) MATTH., 19, 21

« leurs brisent et dérobent; mais faites-vous des trésors
« dans le ciel, où ni la rouille ni les vers ne font aucun dé-
« gât, et où les voleurs ne peuvent ni briser, ni déro-
« ber (1); » et s'armant de courage, ils foulent aux pieds
les biens fragiles de la terre, pour ne songer qu'à s'attacher
à Dieu seul (2)!

Mais c'est là du fanatisme, vont nous dire certains esprits
légers, superficiels ou incrédules. Certes, c'est un singulier
fanatisme, et, convenons-en, un fanatisme passablement
louable, que celui qui donne à l'homme, si faible et si prompt,
un empire absolu sur soi-même, sur ses inclinations les
plus déréglées et ses passions les plus violentes, comme sur
ses goûts les plus innocents et ses affections les plus légitimes; qui, avec le règne de Dieu dans le cœur humain, naturellement si fier, si faux et si brusque, établit l'habitude
constante de l'humilité, de la douceur et de la simplicité, de
la droiture, de la justice et de la vérité, du dévouement sans
bornes, du zèle infatigable et de la charité la plus ingé-
nieuse! Et qu'importe, après tout, que l'on traite de fanatisme l'élan salutaire qui nous entraîne au repos en Dieu, si
ce fanatisme généreux et bienfaisant se traduit en innocence,
vertu, paix, ou, en un mot, bonheur, vie aussi heureuse
qu'elle peut se concevoir ici-bas, avec l'espérance la plus
fondée pour le ciel?

Ah! plutôt, comment ose-t-on demander encore, « Où
« est le bonheur? qui est-ce qui le donne? lorsque, Seigneur,
« la lumière de votre visage s'est rendue sensible à nos yeux
« dans les Livres saints? Vous avez rempli mon cœur de
« joie, s'écriait le saint roi David; je repose dans la paix en
« vous-même, et vous m'affermissez dans l'espoir le plus

____

(1) MATTH., 6, 19, 20.
(2) *Mihi adhærere Deo bonum est, ponere in Domino spem meam.*
PS. 72, 28.

« ravissant... (1). Les riches, au sein de l'opulence, trouvent
« qu'il leur manque toujours quelque chose, et sont pressés
« d'insatiables désirs; mais ceux qui cherchent le Seigneur
« ne sont jamais privés d'aucun bien (2)!»

(1) *Multi dicunt : Quis ostendit nobis bona? Signatum est super
nos lumen vultus tui, Domine : dedisti lætitiam in corde meo, etc.*
Ps. 4, 6, 10.
    (2) Ps. 33, 11.

II.

Les scandales inévitables : — Le scepticisme, l'hérésie, le schisme ; — ou les philosophes, les protestants, les jansénistes.

Les saintes Écritures ont été la première occasion et comme le fondement de la conversion d'Augustin ; et remarquons que, dès son entrée dans le sein de l'Église, l'arche mystérieuse hors de laquelle il n'y a point de salut, ses sentiments et sa conduite combattent déjà victorieusement trois terribles fléaux que son insigne piété de chrétien, sa profonde science de docteur, et son zèle ardent d'évêque, s'étudieront plus tard à écarter loin des fidèles ; fléaux qui de tout temps, d'une manière ou d'une autre, ont entraîné tant d'âmes dans la voie de la perdition : nous voulons dire le *mépris*, l'*abus* et la *fausse interprétation* des Livres saints.

Le mépris, qui repousse, oublie, ou ne connaît que pour contredire : c'est le propre des impies, des indifférents, des êtres abrutis par la débauche.

L'abus, qui scrute impudemment, sans autre règle d'appréciation que le caprice et les instincts dégradés du cœur humain livré à lui-même, se recherchant lui-même, s'adorant lui-même : c'est le fait des fauteurs d'hérésies, hommes toujours pétris d'orgueil, perdus d'ambition, et spéculant sur l'attrait des nouveautés.

La fausse interprétation, qui s'écarte systématiquement plus ou moins du vrai sens déterminé par l'Église apostolique, romaine, gardienne-née du dépôt sacré de la foi en Jésus-Christ, et conservatrice unique de toute archive, monument et tradition qui concerne les fondements, les institutions et les développements de la doctrine évangélique.

Les apôtres, en recevant directement du divin Sauveur, et exclusivement pour eux et leurs successeurs légitimes, l'auguste mission d'enseigner toutes les nations (1), ont été prévenus, à cette fin, de grâces plus abondantes du Saint-Esprit, et d'un don spécial d'intelligence des saintes Écritures (2), pour les expliquer au peuple avec une précision parfaite et en temps opportun (3). La fausse interprétation est le prétexte captieux des esprits exagérés, le retranchement arbitraire des cœurs insoumis, l'excuse illusoire des schismatiques.

Ces trois fléaux, qui portent une atteinte plus grave ou à la dignité, ou à l'intégrité, ou à la véracité des Livres saints, se reproduisent toujours, aujourd'hui comme autrefois, sous une forme particulière à chacun, et avec un caractère propre que saisit facilement l'œil de l'observateur judicieux.

Nous n'avons pas à faire ici l'histoire des doctrines erronées qui, de siècle en siècle, ont osé se dire en harmonie avec les saintes Écritures, lorsqu'en réalité elles les contredisaient, au mépris de l'Église. Nous ne pouvons considérer dans ces études que les moins anciennes, en y jetant un coup d'œil rapide et cependant sérieux.

« Il est nécessaire, nous avertit Notre-Seigneur, qu'il « arrive des scandales (4) ; il faut même, dit saint Paul, « qu'il y ait des hérésies parmi les chrétiens (5), » afin qu'on découvre par là ceux d'entre eux qui ont une vertu éprouvée. Loin donc de nous étonner qu'il arrive des scandales et qu'il s'élève des hérésies dans l'Église, nous aurions sujet d'être surpris s'il n'y en avait pas.

(1) MATT., 28, 18-20.
(2) LUC, 24, 45.
(3) I. THESS., 2, 3-4.
(4) MATTH., 18, 7.
(5) I. COR., 11, 19.

Mais **Dieu** suscite toujours le remède à côté du mal. Sa providence fait naître, dans la suite des âges, des hommes éminents, et les charge, par la sainteté de leur vie et la supériorité de leurs écrits, de montrer au monde qu'il veille sur la sainteté et l'unité de son Église. Les promesses qu'elle a reçues de Jésus-Christ, son divin époux, ne peuvent être anéanties, parce qu'elle sera toujours en possession de la vérité, et de l'esprit de charité qui demeure éternellement avec elle. Tant d'erreurs qui se sont dressées contre l'Église dès sa naissance auraient dû naturellement la renverser et partout éteindre la foi, et perdre les mœurs des chrétiens ; mais Dieu, qui s'est déclaré le protecteur de la sainte Sion, pourvoit à sa sûreté, et ne permet les nuages qui s'amoncellent de temps en temps pour la menacer, qu'afin de signaler la force de son bras, en mettant ses détracteurs en fuite. Ne nous laissons donc pas affaiblir par les maux qui affligent l'Église ; ils sont une suite de son état en ce monde. La sainte épouse du Sauveur, notre digne et tendre mère, n'est point ici dans le lieu de son repos ; sa patrie est le ciel ; la terre n'est pour elle qu'un lieu d'épreuves, un pays étranger où elle est environnée d'ennemis visibles et invisibles, qui s'efforcent de lui enlever ce qu'elle a de plus cher, la vérité et la charité. Quelque violentes que soient les tempêtes, ne craignons pas que son majestueux vaisseau soit jamais submergé. Celui qui commande aux vents et à la mer, avec le pouvoir de s'en faire obéir, est lui-même le pilote qui la gouverne, et qui la fera gagner le port. Nés et élevés dans le sein de cette Église apostolique, instruits de sa doctrine, sanctifiés par ses sacrements, nourris dans les principes d'un inviolable attachement à la foi, édifions-nous du bien qui s'y fait, déplorons avec elle le mal qu'elle ne peut empêcher, et faisons honneur à nos convictions en ayant pour tous une charité sincère.

Fixons maintenant nos regards sur les sectaires plus modernes, qui se sont mis en contradiction avec les Livres saints, et qui pour ce fait ont encouru les justes censures de l'Église. Nous les verrons, comme les anciens hérésiarques, leurs pères dans l'erreur, se jouer du mépris, de l'abus et de la fausse interprétation des saintes Écritures, et posséder une singulière habileté pour transformer, déguiser et cacher leurs sophismes.

Dans ces derniers siècles, le *mépris* se retrouve plus insultant dans la philosophie sceptique, qui rêve que par l'audace de ses sarcasmes elle doit parvenir à renverser ce qu'elle ne saurait ébranler par la raison. L'*abus* s'observe plus actif dans le protestantisme, qui répand avec profusion, indistinctement chez le pauvre et le riche, chez le savant et l'ignorant, les saintes Écritures altérées et traduites dans toutes les langues, et jetées indignement en pâture à des intelligences non préparées, avec la folle prétention que chaque lecteur, quel qu'il soit, est suffisamment éclairé d'en haut pour en formuler à soi-même sa religion, et en conclure ce qu'il juge essentiel ou croit seulement convenable aux intérêts de son salut. La *fausse interprétation* est le tort spécial du jansénisme, qui, partageant l'indiscrétion désordonnée des protestants par rapport à la lecture de la sainte Bible en langue vulgaire, borne l'altération qu'il lui fait subir à quelques passages qui ne peuvent s'allier avec ses allures de pharisaïsme moderne.

Mais si toutes les vertus sont sœurs, et solidaires en quelque sorte les unes des autres, il faut dire aussi que tous les vices sont frères, et s'infiltrent réciproquement de gré ou de force. Or, le mépris, l'abus, la fausse interprétation des Livres saints, se mélangent singulièrement dans leur contact avec le monde; et de cet impur alliage naissent, dans ces derniers temps surtout, mille espèces différentes de poisons subtils, et féconds en scandales variés à l'infini : d'une part, le blasphème et le dévergondage de l'esprit; d'une autre, la présomption et le relâchement; enfin, ailleurs, l'excessive sévérité et le désespoir, avec toutes leurs sombres et cruelles conséquences.

Le blasphème et le dévergondage de l'esprit sont les derniers mots de toutes les théories insensées des Voltaire, des Rousseau, des Bayle, et de cette tourbe d'esprits forts qui n'affichent effrontément le scepticisme que dans le vain espoir d'arriver avec impunité à la licence la plus effrénée.

La présomption et le relâchement étaient au fond des entrailles des Luther, des Calvin et des Henri VIII, quand ils portaient une main sacrilége sur le sein de leur vénérable mère la sainte Église catholique romaine, qu'enfants dénaturés ils avaient l'impudeur de répudier et la lâcheté de déchirer de la manière la plus cruelle, pour aller aveuglément se précipiter dans l'abîme d'un individualisme révoltant, et pousser outre mesure les excès de leur haine implacable contre le boulevard de la vérité divine, au détriment de leurs devoirs, de leur repos, de leur honneur, de leur conscience, de leur salut éternel. Ajoutons, hélas! au détriment de la paix du monde, où ils jetaient, avec malice, les plus redoutables brandons de discorde! Ajoutons encore, ce qui est pour eux la plus terrible des responsabilités, au détriment d'une foule innombrable de malheureuses victimes qu'ils entraînaient à leur suite, les uns avec brutalité, les autres comme par enchantement, dans les sentiers de l'erreur, de la licence et de la réprobation.

La sévérité et le désespoir résument toutes les subtilités du jansénisme, secte habile à dissimuler ses sentiments réputés à bon droit suspects, et toujours attentive à déguiser l'attachement obstiné qu'elle tient à conserver pour des principes dangereux et solennellement condamnés par l'Église. On doit s'étonner que des hommes de la portée des Nicole, des le Maistre de Sacy, des Duguet, n'aient pas compris d'une manière plus large l'œuvre cependant si vaste de la Rédemption, et l'aient restreinte à des proportions mesquines, qui contrastent si fort avec la croyance préconisée encore plus témérairement par les auteurs de la réforme. La vérité de Dieu, en dépit de toutes ces contradictions humaines, demeure toujours invariable, à l'abri de tout excès (1). Le jansénisme, du reste, pour tout esprit droit, a fait son temps, comme le protestantisme sa révolution : il devait tomber sous le poids du ridicule et de la singularité, de même que la réforme sous les coups de la logique et du bon sens ; et si l'on en parle aujourd'hui, c'est qu'il reste encore, dans ses ornières étroites, quelques esprits incorrigibles à qui l'on doit reprocher leur suffisance hautaine, et pardonner leur sérieuse sottise !

En un mot, le génie du mal, quelque nom qu'on lui donne, qu'on l'appelle philosophie, protestantisme ou jansénisme ; quelque brillant dehors qu'il emprunte, qu'on lui trouve du style, de l'esprit, de la variété ; quelque force qu'il s'attribue, qu'on lui accorde de la science, de la facilité et du tact ; le génie du mal en a été, en est et en sera toujours pour ses frais, quand il s'avise de se dresser contre le Seigneur et son Christ (2) ; quand il veut, avec le fragile langage humain, lutter contre la robuste parole de Dieu (3) ; enfin, quand il espère, d'un trait de plume trempée dans les fanges de la terre, effacer des écritures qui nous viennent du ciel, qui nous annoncent le ciel, et qui nous reportent au ciel (4) !

---

(1) Ps. 116, 2.

(2) *Convenerunt in unum adversus Dominum et adversus Christum ejus... Qui habitat in cœlis irridebit eos ; et Dominus subsannabit eos.* (Ps. 2, 2-4.)

(3) *Vox Domini in virtute, vox Domini in magnificentia. Vox Domini confrigentis cedros.* (Ps. 28, 4-5.)

(4) *Multi enim ambulant... qui terrena sapiunt. Nostra autem conversatio in cœlis est.* (Philip., 4, 19-20.)

III.

Action de mépris, de l'abus et de la fausse interprétation des Livres saints, pour jeter la confusion dans les idées et le trouble partout.

Le mépris, l'abus, la fausse interprétation des saintes Écritures ont toujours exercé une profonde influence non-seulement sur la vie spirituelle des particuliers, des familles et des peuples, mais encore, par une relation inévitable du moral au physique, sur leur bien-être matériel.

C'est surtout des outrages téméraires faits aux Livres saints que proviennent ces déviations lamentables des sciences essentiellement civilisatrices !

Et qu'arrive-t-il dans une société avec une théologie, une philosophie, une économie politique faussées dans leurs principes radicaux ?

D'un ordre parfait en toutes choses, on en vient à une inexprimable confusion ; d'un cercle de raison et de sagesse, on passe dans un labyrinthe de folie et d'immoralité ; des avantages immenses d'une sainte liberté sous le régime d'une juste obéissance aux lois, on tombe dans les angoisses extrêmes du pire de tous les esclavages, sous le prestige d'une fatale indépendance qui bientôt amène le plus effroyable et quelquefois le plus sanglant des despotismes, le règne de la terreur !

Enfin, on ne sait ce qu'on veut, on ne sait ce qu'on dit, on ne sait où l'on va ; mais en revanche on sait très-bien qu'on n'a plus de paix, plus de repos, plus d'union, plus de joies, plus de prospérité ; qu'au contraire on languit dans l'agitation, dans le trouble, dans la division, dans le chagrin, dans la misère. Précisons davantage :

L'individu va errant à l'aventure, sans boussole, mécontent et insupportable à lui-même.

La famille est en souffrance, dépérit et s'efface, parce qu'on n'y a plus le sentiment de la paternité, plus de devoir filial : c'est-à-dire, ni bon exemple, ni tendre sollicitude, ni louable fraternité d'une part ; ni respect, ni amour, ni soumission de l'autre.

L'État marche péniblement, s'affaisse et croule tout disloqué par l'absence du droit, l'ignorance du devoir, la corruption, le déni de justice, et l'atteinte à la propriété. Ici c'est le pouvoir centralisé et sans contrôle, le travail excessif et sans salaire suffisant, la pauvreté honnête et sans secours ; là c'est la paresse privilégiée, l'insubordination en honneur, le vice encouragé !

En un mot, à une soumission douce, indispensable et rationnelle, on substitue un affranchissement stérile et monstrueux ; et voilà le monde à l'envers, ou la révolution en tout et partout !... Mais l'on ne tarde point à apprendre, par la plus désastreuse expérience, que les révolutions, sur quelques beaux motifs qu'elles reposent, ne sont guère bonnes qu'à flétrir les existences, refroidir les relations, arrêter le crédit, anéantir le commerce, ruiner l'industrie, dégrader les beaux-arts, prostituer les lettres, paralyser les études, démoraliser les consciences, livrer les sociétés à l'inconnu, et sacrifier les intérêts les plus sacrés du peuple à quelques ambitieux obscurs. Voilà les révolutions, du moins celles que préparent dans l'ombre et que font éclater brusquement les hommes de désordre : reconnaissez-les donc, et appréciez-les à leurs fruits !

On parle de liberté, d'égalité, de fraternité, c'est très-bien ; mais soyons justes ! Examinons ces ardents prôneurs qui crient si haut liberté, égalité, fraternité, qui ne rêvent et ne veulent voir que cela, et qui montrent tant de zèle pour en décorer la façade de nos monuments publics : sont-ce bien eux qui se rendent les plus dignes de ces précieuses prérogatives, et qui sont les plus attentifs à n'en point priver les autres?

La liberté est une bonne chose, puisque Dieu lui-même, dans sa sagesse, a jugé à propos de l'accorder à l'homme, comme le plus noble de ses dons.

L'égalité est une bonne chose, puisqu'il est écrit que Dieu lui-même ne fait acception de personne, qu'il ne considère que le bien et le mal, et que devant lui le bien est toujours bien, le mal est toujours mal, de quelque part qu'il vienne.

La fraternité est une bonne chose, puisque Dieu lui-même nous fait, à tous indistinctement, un précepte spécial et rigoureux de nous aimer, de nous supporter, de nous entr'aider les uns les autres, pour l'amour de lui.

Mais Dieu relève-t-il ces grands mots à nos yeux, pour que nous les déshonorions en mésusant des avantages singuliers qu'ils nous confèrent? Or, celui-là en mésuse qui a la prétention d'en jouir exclusivement ou au préjudice des autres. Car s'il doit y avoir profit sous un rapport, d'un autre côté il y a obligation, et réciproquement : c'est-à-dire, si vous exigez du prochain qu'il ait des égards pour vous, soyez vous-même fidèle à en avoir pour lui. Vous voulez des garanties, donnez-en : sans ces garanties mutuelles, plus d'équilibre; sans équilibre, inévitablement plus de liberté, plus d'égalité, plus de fraternité, mais en tout, partout et toujours, tyrannie du plus fort et oppression du plus faible. Voilà pourquoi les mots si vantés de liberté, d'égalité, de fraternité, sont devenus, par l'arrière-interprétation qu'on leur donne, fort peu rassurants pour la société, quoique louables en soi. Et c'est en vain que les plus chauds de leurs partisans s'efforcent de nous faire prendre le change sur l'idée perverse qu'ils y attachent. Sépulcres blanchis, beaux à l'extérieur et repoussants à l'intérieur, ils peuvent affecter d'avoir sur leurs lèvres tout ce qu'on peut imaginer de plus admirablement social; mais qu'en attendre, lorsque dans les cœurs ils ne nourrissent que des goûts contre nature, des penchants de colère, de violence et de poignard? Parleurs interminables, ils ne peuvent empêcher que le jour de la vérité ne pénètre dans les ténèbres de leurs mensonges. Vienne une secousse qui les mette un moment en évidence, leurs masques tombent bientôt; alors on les voit à l'œuvre, et l'on peut les reconnaître pour ce qu'ils sont : fourbes et inhumains; les plus fourbes, les plus inhumains du monde; désintéressés en paroles, égoïstes en action.

Mais où sont donc tracées la raison et les lois de ces égards réciproques, de ces garanties mutuelles, de cet équilibre enfin si heureux, si désirable, si nécessaire pour asseoir sur des bases inattaquables la liberté, l'égalité, la fraternité? Dans les Livres saints; mais dans les Livres saints ouverts de la main et sous les yeux de l'Église, qui peut seule en donner l'intelligence authentique.

Ce sont eux qui nous disent, mais toujours à l'ombre de l'Église, que Dieu nous demandera compte, après notre mort, du bien ou du mal que nous aurons pratiqué, c'est-à-dire de l'usage que nous aurons fait de la liberté (1). Dieu ne nous a donc pas donné une liberté absolue et tout à fait indépendante : Dieu seul est libre et indépendant dans toute l'acception du mot.

Les saintes Écritures nous apprennent encore que Dieu, toujours grand dans ses libéralités, donne cependant plus à l'un, et moins à l'autre. Mais elles nous avertissent aussi que le Seigneur, juste et équitable, demandera beaucoup à celui qui aura beaucoup reçu; qu'il récompensera plus lar-

---

(1) *Et cuncta quæ fiunt adducet Deus in judicium pro omni errato, sive bonum, sive malum illud sit.* Eccle., 12, 14.

gement celui qui aura fait plus de bien, et qu'il infligera aux coupables infracteurs de sa loi des châtiments proportionnés à la gravité du mal commis (1). Dieu n'a donc pas voulu que nous fussions tous égaux, dans le sens rigoureux et complet de l'expression : cette égalité universelle serait évidemment incompatible avec les conséquences de notre liberté relative, comme aussi avec la diversité des talents que Dieu confie à chacun pour les faire valoir en vue de la félicité des cieux. Il y aura donc toujours, selon l'ordre providentiel, inégalité des conditions, mais parfaite égalité de justice pour tous. L'homme, il est vrai, ne peut pas toujours saisir la balance de cette justice divine, parce qu'il ne lui est pas donné de scruter les cœurs ; mais, pour peu qu'il réfléchisse, il s'en fait une raison que corrobore l'idée de la vie future.

Enfin, les Livres saints nous annoncent que, de la même mesure avec laquelle nous aurons mesuré aux autres, la justice de Dieu nous-mesurera à nous-mêmes (2). Ne jugez donc pas, pour ne point être jugés (3) ; et prévenez-vous les uns les autres par des procédés pleins de déférence et d'honneur (4) ; mais que votre charité pour le prochain soit subordonnée à l'amour de Dieu. En effet, Dieu ne peut pas vouloir que la fraternité s'exerce envers les hommes aux dépens de la fidélité que nous lui devons (5). La fraternité elle-même est donc soumise à des restrictions, essentielles à sa dignité et à son mérite.

Respectez les Livres saints, lisez-les avec discrétion, en-

____

(1) Luc, 13, 47-48.
(2) Marc., 4, 24.
(3) Matt., 7, 1.
(4) Rom., 12, 10.
(5) *Si adhuc hominibus placerem, Christi servus non essem.* (Galat. 1, 10.)

tendez-les dans leur vrai sens que vous garantit et peu
seule vous garantir l'Église, et, pour être conséquents, con
formez votre vie entière à leurs enseignements divins : alors
et alors seulement, parlez-nous de liberté, d'égalité, d
fraternité.

Mais tolérez le mépris des saintes Écritures, fermez le
yeux sur l'abus des pages sublimes qui nous retracent e
nous conservent les paroles de Dieu même, donnez la mai
à la fausse interprétation des admirables maximes qu'elle
nous présentent pour guider nos pas dans le chemin de l
vie, et dès lors renoncez à pouvoir, en aucune façon, ré
gulariser ni la liberté, ni l'égalité, ni la fraternité : quelqu
bonnes qu'on les suppose réellement, vous n'en ferez jamai
que des mots dérisoires, sinon des masques imposteurs pou
cacher vos projets antisociaux.

On éteint les lampes en y mettant trop d'huile ; on fa
périr les plantes en les arrosant plus que leurs besoins n
le comportent ; on tue les animaux en leur donnant un
nourriture surabondante qui, par l'excessive quantité, de
vient indigeste et fatale ; on abrutit l'homme raisonnabl
par l'usage immodéré des boissons les plus bienfaisante:
Prenez donc garde qu'en suivant une impulsion fâcheus
vous ne buviez indiscrètement à trop longs traits dans l
coupe généreuse de la liberté, de l'égalité, de la fraternité
craignez que l'ivresse vous atteigne, vous mette hors d
vous-mêmes, et flétrisse, aux yeux de vos semblables e
frayés de vos allures insensées, des biens qu'ils redoute
raient et rougiraient de partager avec vous !

Parlez-nous donc de liberté, mais de la liberté courtoise qi
élève, et non de cette liberté grossière qui dégrade la dignit
de l'homme ! Parlez-nous d'égalité, mais de l'égalité franch
dans l'ordre et dans la loi, et non de cette égalité hypocrit
qui dissimule le privilége et l'arbitraire ! Parlez-nous d
fraternité, mais de la fraternité douce qui réjouit, consol

et fait vivre, et non de cette fraternité farouche qui bruta-
lise, attriste et tue!

Avouez-le : telles que vous nous les faites, la liberté,
l'égalité, la fraternité, sont des corps sans âme ; il n'y a
que la vive lumière du christianisme qui puisse leur donner
une vie normale, opportune et profitable. Ce sont, pour le
corps social, des aliments insipides, indigestes, dangereux ;
à moins que le sel de la pure doctrine évangélique n'en relève le goût, n'en éloigne ce qui peut à bon droit les rendre
suspects, et ne conserve intacts leurs éléments nutritifs.
Autrement encore, ce sont des membres glacés, plus gê-
nants qu'utiles, qui ont besoin d'être réchauffés au feu divin de la charité de Jésus-Christ ; de cette charité qui ne se
contente pas seulement de suivre les maximes banales,
*Ne faites pas aux autres ce que vous ne voudriez point
qu'on vous fît, faites-leur le bien que vous seriez désireux
de vous voir faire*, mais qui est prête à rendre le bien pour
le mal, à bénir ceux qui la maudissent ; de cette charité qui
ne se borne pas à aimer ses amis et à se montrer reconnais-
sante des services rendus, mais qui, par une force sublime,
s'élève jusqu'à conserver de l'affection pour ses ennemis,
pardonner les injures qu'elle reçoit, et prier pour ses per-
sécuteurs ; de cette charité enfin qui, persuadant au cœur de
l'homme une entière abnégation de soi-même, tend à mo-
deler toutes ses facultés sur les perfections mêmes de
Dieu (1).

Concluons de tout ce que nous venons de dire, que ceux
qui crient plus fort liberté, égalité, fraternité, sont au
monde ce qu'il y a de moins libéral, de moins égalitaire, de
moins fraternel !

(1) MATTH., 5, 44-48.

IV.

Progrès et réformes : — liberté d'enseignement, assistance publique, droit au travail ; — bureaucratie, décentralisation, unité de gouvernement ; — socialisme et autres utopies modernes.

Il y a bon nombre d'esprits calmes, sérieux et amis de l'ordre, qui, trop confiants dans leurs excellentes intentions, s'imaginent que, parce qu'ils sont pleins de droiture et d'honneur, ils doivent rencontrer partout les mêmes généreux sentiments, les mêmes précieuses qualités. Ils ne veulent ni les collisions, ni le sang qui en est la suite ordinaire : mais comme ils se persuadent, à tort, qu'il est facile de parer tout d'un coup à une foule d'inconvénients majeurs qui, survenant sans cesse à mesure que d'autres disparaissent, s'opposent au bien-être général dans la société, leur zèle s'émeut, s'exalte et s'enflamme. Ils ne songent et ne parlent que de progrès et de réformes : à les entendre, et si l'on suivait leurs conseils, nous aurions bientôt le paradis sur la terre ! Ce serait très-bien à eux de nourrir cette douce espérance, si elle était entretenue par une pensée plus sérieuse, qu'on ne peut arriver à d'aussi heureux résultats que par le règne de Dieu dans les âmes. Mais les notions très-imparfaites qu'ils ont des lois divines, avec un savoir peut-être très-étendu d'ailleurs, jettent une telle confusion dans leur intelligence, qu'ils n'aperçoivent pas les incompatibilités qu'ils réveillent, à mesure qu'ils avancent dans la route des utopies. Ils croient cependant marcher dans la lumière : mais, tout plongés dans la philosophie naturelle, resserrés dans les limites si étroites de l'esprit humain quand il est abandonné à lui-même, au lieu de s'élever, comme ils le prétendent, ils s'enfoncent plus avant dans la matière. Leur lumière devient ténèbres (1) ; c'est un piége immense dans lequel Dieu permet que tombe leur orgueil (2), pour le briser et les convaincre d'impuissance ; comme si le Seigneur disait encore à la mer, lorsqu'elle se dressait devant lui dans toute la majesté de ses fureurs : « Tu viendras jusqu'ici ; « tu n'avanceras pas plus loin : c'est là que tu briseras le « gonflement de tes flots (3) ! »

Il y a bien des années qu'on parle de progrès et de réformes ; les mots mêmes s'usent à force de revenir à l'ordre du jour. En est-on beaucoup plus avancé ? Calcul fait, la société en est-elle beaucoup plus heureuse ? A considérer attentivement ce dont nous sommes les témoins, hélas ! il nous est permis d'en douter. Tant il est vrai qu'il y a progrès et progrès, réforme et réforme. Il y a progrès matériels, réforme du mécanisme social ; progrès intellectuels, réforme des mœurs du peuple : ce qui n'est pas du tout la même chose. Il existe en effet une très-grande différence entre développer les arts, les sciences, l'agriculture, l'industrie et le commerce, et accroître la dose d'aisance, de satisfaction et de joie pour le particulier, la famille et la société.

Salomon, dont la sagesse est encore le flambeau de la saine philosophie après tant de siècles, parce que, dans ses beaux jours, il parlait au nom du Seigneur Dieu ; Salomon nous insinue que, de son temps aussi, on songeait aux progrès et aux réformes. Or, savez-vous comment l'Esprit-Saint, par sa bouche, pose, pour alors et pour la suite des siècles, les conditions des progrès et des réformes ? Par deux mots bien simples, mais aussi profonds que faciles à saisir : « J'ai reconnu, dit-il, qu'il n'y a rien de mieux que

_____

(1) *Vide ergo ne lumen, quod in te est, tenebræ sint.* Luc, 11, 35.

(2) *Facti sunt in laqueum magnum.* 1 Mac., 1, 37.

(3) *Et dixi : Usque huc venies, et non procedes amplius, et hic confringes tumentes fluctus tuos.* Job, 38, 11.

« de faire en sorte qu'on ait le cœur content, et de se bien
« conduire dans la vie (1) ! » Voilà tout le mystère. Le cœur
content est la conséquence d'une vie régulière. Mais quelle
est la règle ? Salomon nous la trace encore en deux mots :
« Craignez Dieu, et observez ses commandements ; c'est là
« tout l'homme (2) ! » C'est dit : Progressez, réformez
tant qu'il vous plaira ; mais voici la pierre fondamentale de
l'édifice, si vous voulez ne point bâtir sur le sable, à la merc
de toutes les tempêtes !

Malheur donc au pays où les progrès et les réformes
agissent plutôt sur les intérêts matériels et extérieurs que
sur les intérêts intellectuels et intérieurs ; et ce qui est pire,
et le pire de tout, où progrès et réforme deviennent syno-
nymes d'impiété et d'immoralité !

Malheur au pays où les idées de progrès, au lieu d'affer-
mir et d'augmenter la discipline, l'ordre, le respect pour
l'autorité des lois et du gouvernement, ne tendent qu'à
abattre et toujours abattre, sans jamais rien édifier avec les
ruines !

Malheur au pays où, négligeant les réformes utiles,
pressantes et sollicitées par les hommes de bien, on n'avise
qu'à des réformes désorganisatrices, devant lesquelles les
cœurs honnêtes ne peuvent que reculer d'horreur !

Vous voulez des progrès ? Progressez donc en ce qui concerne l'enseignement et l'assistance publique, par exemple :
progressez, travaillez à procurer à tous la nourriture la plus
saine pour le corps, pour l'intelligence, pour le cœur. D'une
part, fortifiez les études, amendez les méthodes, réprimez
les abus qui n'ouvrent la porte qu'au génie du mal : toutes
choses dont vous ne viendrez à bout qu'avec la liberté

______

(1) *Cognovi quod non esset melius nisi lætari, et facere bene in
vita sua.* ECCLE., 3, 12.

(2) *Deum time, et mandata ejus observa : hoc est enim omnis
homo.* ECCLE., 12, 13.

franche de l'enseignement. D'autre part, basez l'assistance publique sur l'intarissable charité plutôt que sur la parcimonieuse philanthropie ; et prenez des moyens plus énergiques pour bien faire comprendre au peuple que ce n'est point la position qui honore l'homme, mais l'homme qui honore sa position ; qu'il faut, dans la disette et les revers, savoir se confier à la divine Providence, et se montrer généreux dans l'abondance et la prospérité ; qu'il y a de bons pauvres, heureux et estimables dans l'indigence, comme aussi de mauvais riches, malheureux et méprisables avec une grande fortune.

Mais si vous croyez pousser les progrès jusqu'à l'entière extinction de l'ignorance et du paupérisme, c'est prétendre qu'il n'y aura plus ni vice, ni paresse, ni inconduite, sortes de lèpres ou de vers rongeurs que vous pouvez, que vous devez même combattre de toutes vos forces, mais que vous essayeriez en vain d'empêcher tout à fait, sous le régime même d'une sage liberté et d'une charité des plus actives. En effet, quoi qu'on fasse, Notre-Seigneur l'a dit, et l'Évangile le rapporte : « Nous aurons toujours des pauvres « autour de nous (1) ; » car il y aura toujours des hommes faibles, souffreteux, infirmes, imprévoyants ou ingrats. Le droit au travail ne serait guère que le droit de la fainéantise, c'est-à-dire le droit des passions viles, dont les coryphées s'accommoderaient très-bien d'être nourris à ne rien faire. Le travail est infligé à l'homme comme une punition : « Vous « mangerez votre pain à la sueur de votre visage (2), » nous disent les saintes Écritures. Mais où donc a-t-on découvert qu'on dût réclamer un droit au châtiment, à la prison, aux galères, à l'échafaud, pour signifier le droit de se passer de prison, de galères, d'échafaud, ou, pour tout dire en un

______

(1) *Pauperes enim semper habetis vobiscum.* JOAN., 12, 8.
(2) GENÈS., 3, 19.

mot, le droit de commettre le crime impunément? Voilà les singuliers droits de l'homme! droits de l'homme libre; disons plutôt : droits de l'homme abruti!

Vous voulez des réformes? Réformez donc, il en est bien temps, votre bureaucratie à formalités sans nombre; simplifiez les rouages si compliqués de vos administrations, et faites arriver les affaires à leur but par le chemin le plus bref et le plus droit, et non par des détours infinis qui font perdre du temps et retiennent mille intérêts en souffrance.

Et, au lieu de chercher la solution du grand problème des réformes administratives dans des demi-mesures plus propres à favoriser l'égoïsme que l'intérêt général, consultez l'expérience sur ce qu'il y a de superflu, d'incommode, d'anormal, d'intempestif et d'injuste. Au lieu de prendre à tâche d'assimiler l'Église au labyrinthe de vos grêles institutions, modelez-vous plutôt sur la route si aplanie des fortes institutions de l'Église, qui nous fait admirer une constante unité de pouvoir et de doctrine dans la décentralisation la plus étendue et la plus complète. Ainsi le dernier des fidèles pourvoit à ses besoins spirituels sous la direction de son curé; le curé pourvoit aux besoins de sa paroisse sous la juridiction de son évêque; l'évêque pourvoit aux besoins de son diocèse sous la garde vigilante du Pape; le Pape étend sa sollicitude à toutes les Églises, dont il est le père, sous l'assistance plus directe de l'esprit de Jésus-Christ.

Telle est la hiérarchie qui fait la beauté, maintient la force et assure la durée du gouvernement de l'Église : unité, décentralisation.

Qu'est-ce en effet qu'un gouvernement de centralisation, surtout s'il n'a point d'unité, sinon un gouvernement assiégé de tous côtés par l'intrigue, et à la merci des plus habiles dans l'art de solliciter, de feindre et d'en imposer; et par là même un gouvernement de corruption, un gouvernement de révolution, un gouvernement éphémère, un gou-

vernement absurde? Avisez donc d'abord à vous assurer l'u-
nité aussi parfaitement que possible, et ensuite décentrali-
sez, pour obtenir, à l'instar de l'Église, un gouvernement
qui, permettant de connaître chacun pour ce qu'il est et ce
qui lui convient, et se plaçant à l'abri des roueries et de
l'ambition, soit un gouvernement honnête, un gouvernement d'ordre, un gouvernement durable, un gouvernement
rationnel.

Les Juifs n'ont crucifié Jésus-Christ que parce qu'ils re-
fusèrent de le recevoir pour le Messie promis : « Ils ne savent ce qu'ils font, » disait Notre-Seigneur lui-même du
haut de sa croix. Il n'y a aussi que l'ignorance qui puisse se
permettre de blâmer l'admirable économie de l'institution
de l'Église, ou seulement lui être indifférente. Un politique
sincère, un homme d'État de quelque valeur, qui prendra
la peine de l'étudier tant soit peu, en concevra une tout
autre idée. Mais certains écrivains n'y regardent pas de si
près. Qu'y faire? C'est une manie chez eux, bien stupide,
il est vrai, de vouloir parler théologie et politique, sans savoir même souvent les premiers éléments du catéchisme et
du droit public.

Toutes réformes administratives doivent tendre à un gouvernement fort. Lisez donc (1) ; ce n'est pas trop de vous en
présenter encore une fois le modèle irréprochable, et bien
digne de faire l'objet de vos plus graves méditations :

« Quand on se demande ce qui fait la force de l'Église,
on reconnaît sans peine que c'est son admirable unité. Unité
dans le gouvernement : tout ce qui sort de ce cercle formé
par une chaîne qui va du souverain Pontife au plus petit des
fidèles n'appartient plus à l'Église. L'Église est un corps
dont la tête et les membres vivent de la même vie. La loi

____

(1) Nous citons un passage de la *Lettre synodale* adressée par les
Pères du Concile provincial de Paris au clergé et aux fidèles de leurs dio-
cèses, le 27 octobre 1849.

d'unité, qui concentre l'unité dans l'Église, est merveilleusement tempérée par la loi de charité.

« Comme l'harmonie de la nature résulte de deux forces égales que Dieu a placées dans son sein, et qui président ensemble à tous ses mouvements, ainsi pour cette autre création de sa sagesse, pour l'Église, qui est la patrie des âmes, tout repose sur la double loi d'unité et de charité, de concentration et d'expansion, d'autorité et de liberté.

« De là, avec un pouvoir toujours un et indivisible, un ensemble d'institutions qui se soutiennent les unes les autres, et qui, loin d'entraver le gouvernement, éclairent sa marche et fortifient son action.

« La merveille du gouvernement de l'Église, c'est que tout ce qu'on accorde à la liberté n'entraine aucun amoindrissement de l'autorité. Plus l'autorité est forte et inviolable, plus la liberté peut être étendue sans danger. C'est ce qui fait que, dans l'Église, l'autorité n'a jamais comprimé le légitime usage de la liberté. Où l'esprit humain s'est-il plus développé qu'au sein du christianisme? Les enfants de Dieu sont libres pour toute espèce de bien ; le mal seul leur est interdit. Ils peuvent déployer leurs ailes, et parcourir librement les espaces infinis de la lumière; il n'y a que le royaume des ténèbres qui leur soit fermé.

« Mais autorité et liberté, tout est tempéré par la charité ; car si dans l'Église la justice et le devoir règlent l'autorité des supérieurs et la liberté de ceux qui leur sont soumis, c'est aussi la charité qui empêche l'autorité d'être arbitraire, et la liberté abusive. Que les peuples le sachent : les constitutions, les lois, les combinaisons politiques les plus sages, la plus savante pondération des pouvoirs, tout cela est bien faible et bien impuissant, quand l'œuvre humaine n'est plus animée par le souffle divin et par le feu de la charité. La force matérielle est un fondement bien fragile.

Rien au contraire n'est fort comme l'amour : *Fortis est ut mors dilectio* (1).

« Enfin, cette constitution de l'Église, si divine dans son origine, si inébranlable dans son organisation, si forte dans son unité, si belle dans cet esprit de mansuétude et d'amour qui l'anime, qu'est-ce qui achève de la perfectionner, en lui faisant accomplir sa fin? C'est la foi que les fidèles ont dans son autorité divine. Cette foi est la mère du respect et de la soumission. En entendant la voix de l'Église, on entend la voix même de Jésus-Christ. On n'obéit pas par contrainte, mais par conscience. Quand la loi sainte parle au dehors, le devoir parle dans le cœur. Sans cette correspondance, cette soumission, ce respect, la loi divine même serait impuissante : et jugez ce qu'il doit en être de la loi humaine, quand elle s'applique à des générations dont la foi s'est affaiblie, et qui n'obéissent plus que par force ou par intérêt ! »

Vous voulez des progrès et des réformes? Progressez donc, réformez donc dans tout ce qui est invention humaine et mobile; creusez-vous le cerveau pour pénétrer plus avant dans les secrets de la nature, Dieu vous le permet, et l'Église ne vous le défend pas non plus (2) ; mais ne touchez pas à ce qui est principe divin et invariable. La vérité de Dieu ne change point dans son essence, elle ne peut varier que dans son mode de manifestation. Progressez donc dans l'application des lois divines à la sanction des lois humaines. Et en même temps que vous réformez les fausses théories qui naissent du mépris, de l'altération et de l'ignorance des lois physiques, réformez aussi les perni-

____

(1) Cant. 8, 6.

(2) *Vidi afflictionem quam dedit Deus filiis hominum, ut distendantur in ea. Cuncta fecit bona in tempore suo, et mundum tradidit disputationi eorum.* Eccle., 3, 10-11.

cieux usages qui entraînent au relâchement, à la perver-
sion, à l'oubli des lois morales.

Mais admettre dans la société, pour le scandale de la civilisation et la perte de l'industrie, des doctrines qui sont
la négation de toute doctrine, ce n'est plus progresser, c'est
reculer ; ce n'est plus réformer, c'est corrompre (1) !

Les progressistes et réformistes ardents qui s'intitulent,
ici rationalistes, là phalanstériens, ailleurs communistes ou
socialistes, ne seraient-ils pas ces hommes dévergondés
dont la sainte Écriture nous prédit les désordres inouïs, désordres qui doivent signaler l'approche de la fin des temps?

« Il est un mal, est-il dit au livre de l'Ecclésiaste, que
« j'ai vu sous le soleil : l'homme qui n'a que la sottise en
« partage placé dans une haute dignité, et les riches, *puis-*
« *sants en intelligence*, assis à ses pieds. J'ai vu le servi-
« teur à cheval, et à sa place le prince son maître marcher
« à terre (2). » Voici le commencement : c'est le doulou-
reux spectacle qu'il nous a fallu subir quand nous avons
vu, au fort de l'orage politique, élevés au pavois, des hommes de rien, qui ont bien vite montré, par la plus déso-
lante confusion, ce qu'ils peuvent en matière de gouvernement. Le peu de temps qu'ils en ont tenu les rênes nous
les a mis à découvert ; ils sont tombés ; en pouvait-il être
autrement? Que peu durer un pouvoir renversé, les pieds
en haut, la tête en bas?...

Continuons : « Sachez, dit saint Paul, que, dans les der-
« niers jours, il viendra des temps fâcheux ; il y aura des
« hommes tout épris d'eux-mêmes, avares, fats, vaniteux,
« médisants, désobéissants à leurs pères et mères, ingrats,

(1) *Ambulate in omni via quam mandavi vobis, ut bene sit vobis.
Et non audierunt, nec inclinaverunt aurem suam : sed abierunt in
voluntatibus et in pravitate cordis sui mali, factique sunt retror-
sum et non in ante !* Jérém., 7, 23-24.

(2) Eccle., 10, 6.

« impies, sans affection, ennemis de la paix, calomnia-
« teurs, intempérants, inhumains, sans pitié, traîtres, in-
« solents, enflés d'orgueil, et plus amateurs de la volupté
« que de Dieu ; qui auront une apparence de piété, mais
« sans avoir le courage de la vertu. Fuyez tous ces gens-
« là !... Ils apprennent toujours, et n'arrivent jamais à la
« connaissance de la vérité, parce qu'ils résistent aux traits
« de sa lumière. Ce sont des hommes corrompus dans l'es-
« prit et pervertis dans la foi. Mais le progrès qu'ils feront
« aura ses bornes, car leur folie sera connue de tout le
« monde (1). » Voici les conséquences qu'amène nécessai-
rement le dédain affecté pour les saintes Écritures.

Enfin, le prophète Sophonie donne la dernière touche
au tableau, en s'écriant, au nom du Seigneur : « Je ferai
« tomber sur les hommes toutes sortes de tribulations, et
« ils marcheront comme des aveugles, parce qu'ils ont pé-
« ché contre Dieu... Mais leur argent et leur or ne pourra
« point les délivrer au jour de la colère du Seigneur. Toute
« la terre sera dévorée par le feu qu'attisera son indigna-
« tion ; et il se hâtera de consumer dans les flammes tous
« les habitants de cette terre (2), » qui, par le crime, le
blasphème et l'outrage, auront mis le comble à la mesure
de leur impiété !

Qu'avons-nous donc à disserter sur le socialisme et autres utopies modernes, fantômes séducteurs qu'on jette si
malicieusement à la face du bon peuple, comme des piéges
infernaux tendus à sa bonne foi, à sa religion, à ses mœurs ?
Nous disons piéges infernaux, et nous n'articulons là qu'un
reproche des mieux fondés. Qu'y a-t-il en effet de plus in-
fernal que de préconiser la révolte, le meurtre, le vol, et
d'oser, par le plus abominable sacrilége, associer à des uto-

(1) 2. Tim., 3, 1-9.
(2) Matth., 22, 21.

pies aussi funestes et subversives de toute société, le Dieu
qui n'est descendu du ciel sur la terre que pour purger le
monde de ces monstres à figure humaine, ce bon Jésu
qui n'a, tout le temps de sa vie mortelle, prêché de parole e
d'exemple que la douceur, l'humilité, l'abnégation de soi
même, l'amour du prochain jusqu'au sacrifice absolu, et
par-dessus tout, le respect pour l'autorité et le zèle de la
justice : « Rendez à César ce qui appartient à César, et à
Dieu ce qui appartient à Dieu (1) ? »

O Jésus, vrai Fils de Dieu, leur orgueil ne veut voir en
vous qu'un enfant des hommes comme eux ; et cependant vou
leur avez bien prouvé que si vous avez consenti à leur ap
paraître comme homme, vous n'en êtes pas moins homme
Dieu. Vous avez fait des œuvres et enseigné une doctrin
au-dessus de l'homme, œuvres, doctrine, qui exigeaient la
mission et le concours de votre Père céleste (2) ; vous avez
consommé le salut du monde en mourant sur la croix, victime
de l'excès de votre amour pour nous. Vous fûtes autrefoi
méconnu par les vôtres (3) ; aujourd'hui la malice de certain
hommes les aveugle tellement, qu'après dix-huit siècles de
prodiges, de combats et de victoires, la vertu si puissante de
votre croix adorable demeure pour eux inconnue et inerte (4)
Vous vous êtes fait tout à tous pour gagner et sauver le
âmes ; ami, serviteur, père des pauvres, le premier, vou
vous êtes dévoué, immolé, dépensé au soulagement de tou
tes les infortunes, de toutes les peines, de tous les besoins !..

Les socialistes affectent aussi une hypocrite sympathi

(1) MATTH., 22, 21.

(2) *Vos dicitis : Quia blasphemas, quia dixi, Filius Dei sum? Si no
facio opera Patris mei, nolite credere mihi. Si autem facio, et s
mihi non vultis credere, operibus credite, ut cognoscatis et credati
quia Pater in me est, et ego in Patre.* N. S. en S. Jean, 10, 36-38.

(3) *In propria venit, et sui eum non receperunt.* Joan., 1, 11.

(4) *Medius autem vestrûm stetit quem vos nescitis.* JOAN., 1, 26.

pour la misère et la souffrance ; les braves gens s'y laissent prendre au premier abord par l'entraînement de leur cœur ; mais dès qu'ils y réfléchissent, ils se reconnaissent bientôt pour les dupes de quelques méchants égoïstes qui s'inquiètent peu du bien-être de leurs frères, dès qu'ils ont pu leur arracher de la bouche et s'approprier traîtreusement le pain qui leur a coûté des labeurs, des privations et des larmes !

Mais heureusement que tout ce qui ne vient pas de Dieu, et, à plus forte raison, tout ce qui fait injure à sa justice et à sa bonté, s'use, se discrédite, et finit par tomber dans l'oubli. Toutes les erreurs qui se sont succédé dans la suite des siècles ont fait leur temps ; le socialisme fera le sien ; et, dût-il ne lâcher prise qu'aux portes de l'éternité, là infailliblement il partagera le sort de tous les produits de l'esprit de mensonge, ce serpent antique qui séduit l'univers, et qui, vaincu sans retour, sera, pour n'en plus sortir, précipité dans l'abîme (1). Et, sur les ruines de tant d'infamies, se déroulera le mystère de la magnanimité de Dieu à supporter aussi longtemps dans ce monde une si dégradante corruption ; mystère que saint Augustin nous explique en deux mots : *Patiens, quia œternus ;* Dieu est patient, parce qu'il est éternel !...

(1) *Projectus est draco ille magnus, serpens antiquus, qui seducit universum orbem.* APOC., 12, 9.

V.

Attaques incessantes contre l'Église : — leur motif, — leur nature, — leur impuissance.

Comme on le voit, c'est toujours, tantôt sous une forme, tantôt sous une autre, la lutte incessante du perfide mensonge, de l'audacieuse injustice, de l'implacable haine, contre la vérité candide, la généreuse équité, le pacifique amour.

Dieu, qui est la vérité même, a voulu, dans sa miséricorde, parler aux hommes pour leur tracer invariablement la raison de leur existence ici-bas, les conditions pour eux du bonheur, et la route à suivre pour y parvenir.

Le Seigneur a parlé directement au monde, en dictant lui-même sa loi souveraine sur le mont Sinaï. Il a parlé par ses prophètes pour annoncer une loi plus accomplie, la loi d'amour qui perfectionnerait la loi de crainte. Enfin, il a parlé plus particulièrement, et d'une manière plus explicite, par le Verbe incarné, Jésus-Christ, son Fils éternel, Dieu fait homme pour nous sauver. Et, afin que pas même un iota ne fût ni retranché ni ajouté à ses divins oracles, il en a confié le dépôt sacré, d'abord à la Synagogue, puis à la sainte Église catholique, apostolique, jusqu'à la consommation des siècles.

C'est donc l'Église, ayant à sa tête le successeur légitime du chef des apôtres, saint Pierre, à qui Jésus-Christ a remis sa suprême autorité; c'est l'Église seule qui est chargée de nous conserver intacts les livres par excellence écrits sous l'inspiration divine, et de nous en apprendre et développer, selon les besoins particuliers à chaque profession, les augustes mystères, et de régler ainsi, pour tous sans exception, les devoirs spéciaux envers Dieu, envers le prochain, envers soi-même.

Le génie du mal ne l'ignore point : aussi, quand le joug de Dieu pèse à son orgueil, à sa colère ou à sa dépravation, il attaque l'Église, pour essayer de s'ouvrir une entrée sacrilége dans le sanctuaire de la vérité de Dieu. Rien ne l'arrête dans sa rage de démolir ce qui le gêne. La lumière des Livres saints l'offusque, le confond et l'écrase ; l'Église, sous l'aile de Dieu, en porte majestueusement le céleste flambeau : il attaque l'Église ici, sans détour, par les sophismes d'une raison en délire ; là, hypocritement, par les interminables distinctions d'un esprit soumis en apparence et rebelle au fond ; ailleurs, avec dédain, par l'effronterie du sarcasme.

Tel se montre le génie du mal à toutes les époques où la divine Providence permet qu'il déborde sur le monde. Tels, dans les derniers temps, apparaissent les champions du mensonge lorsqu'ils s'acharnent contre le roc inébranlable de l'Église : Luther, et tous les maîtres de la réforme, appelant à leur aide le relâchement jusqu'à la licence ; Jansénius, et toutes les gloires de Port-Royal, prêchant le servilisme jusqu'au mépris de la dignité de l'homme libre, et l'outrage envers l'infinie bonté de Dieu ; Voltaire, et tous les héros de la philosophie sceptique, vomissant l'injure jusqu'à la lâcheté !

Pourquoi donc, encore une fois, tant de fureur contre l'Église ? fureur toujours croissante à mesure que nous avançons vers les derniers âges du monde ; fureur toujours vaine, parce que l'Église, comme l'a dit Bossuet, est une enclume sur laquelle viendront frapper et se briser tous les marteaux.

C'est que les ennemis de tout principe, ne pouvant pêcher qu'en eau trouble, sont les provocateurs d'une guerre incessante contre tout ce qui est ordre, discipline et harmonie. Or l'Église représente un principe ; principe d'ordre, de discipline et d'harmonie par excellence ; principe qui entretient

la vie dans l'humanité, prise ou individuellement, ou en famille, ou en société; principe sans lequel tout se désorga-
nise, se corrompt, se détraque et s'anéantit.

Qui nomme l'Église dit autorité, autorité essentielle, autorité infaillible, autorité nécessaire.

Qui dit autorité suppose des fidèles subordonnés au principe habile à les sauvegarder en les maintenant dans l'unité,
et par conséquent dans l'union.

L'assemblée des fidèles dociles à l'Église pourrait s'entendre de l'humanité tout entière sans exclusion de personne, tous étant appelés à se grouper autour du principe vi-
tal de l'autorité divine de l'Église, et comprend de fait tous
les hommes de bonne volonté, qui lui demeurent attachés
dans l'unité d'une même foi et des mêmes sacrements.

Attaquer l'Église, c'est vouloir saper le principe immortel de l'autorité. Toucher à l'autorité, c'est enlever à la
conscience, à la famille, à la société, toute garantie d'ordre,
de probité, d'amour, d'union, de paix et de félicité; c'est au
contraire jeter partout, avec l'épouvante, la licence, le vol,
la haine, la discorde, la guerre et le malheur !

L'Église, par la teneur même de sa constitution, est la
mère incomparable de l'humanité, la mère des fidèles, la
mère des familles, la mère des cités, la mère des nations !..

Le respect qu'on a pour son autorité est le gage, le signe,
la mesure du respect dont on environne l'autorité, quelque
nom qu'elle porte, qu'on la considère dans un empereur ou
dans un roi, dans un prince ou dans un président, dans un
magistrat ou dans un commandant militaire, dans un chef
d'atelier ou dans un père de famille. C'est aussi le gage, le
signe, la mesure de la vie morale d'un peuple.

VI.

Le quatrième précepte du Décalogue, condition essentielle de toute
société.

Il est remarquable qu'il y ait, dans le Décalogue, un précepte unique auquel le Seigneur ait cru devoir adjoindre une sanction, et la sanction la plus capable d'inspirer le respect de la loi et d'engager à l'observer : *Honora patrem et matrem*, Honorez votre père et votre mère ! Dieu ajoute : *Ut vivas*, afin que vous ayez la vie ! Grande leçon dont l'oubli est la cause directe de tous les maux qui ont jamais frappé les particuliers, la famille et la société.

Le père et la mère sont les images vivantes de Dieu, les représentants visibles de sa providence, les dépositaires naturels de son autorité. Ils auront à rendre un compte rigoureux de l'usage qu'ils auront fait de leur pouvoir temporaire. Mais à leur sollicitude, à leur tendresse, à leurs sacrifices, doit répondre constamment et généreusement l'honneur, c'est-à-dire le respect, l'amour, l'obéissance de la part de leurs enfants.

Ceci s'applique, selon l'esprit de la loi divine, à tous ceux qui sont investis d'un pouvoir quelconque qui leur donne le droit de juger, de disposer, d'ordonner.

L'autorité exercée ainsi, sous l'œil de Dieu, comme une émanation de son éternelle paternité, réclame, chez celui qui en est le dépositaire, une justice à l'abri de tout caprice, de toute prédilection, de toute intrigue.

Aussi l'autorité, dans l'Église, présente-t-elle les plus hautes garanties contre l'arbitraire, et donne-t-elle à la faiblesse humaine, si facile à se laisser entraîner par l'illusion, les moyens les plus puissants de résister à toute mesure contraire à la plus stricte équité.

Qu'il est beau de voir le Chef vénérable de l'Église, l
front ceint du triple diadème de la sagesse, de la justice e
de la paix ! Unissant le pouvoir temporel à la puissance spi
rituelle, il apparaît plus dignement et le modèle des gouver
nants, et le père des peuples ; Vicaire de J.-C., il se fait deu:
fois le *Serviteur des serviteurs* de Dieu, et nous rappelle
d'une manière plus sensible, le divin Maître, qui, étant l
sagesse incréée, a vu la justice et la paix se donner en lui l
baiser d'union, la justice qui ressort du prince, la paix qu
provient de Dieu !

Mais comment peut survenir l'abus du pouvoir, de l
part de l'homme de foi qui le tient en main ? Par l'incapacit
ou l'inexpérience surtout, si ce n'est par surprise : car o
ne doit pas supposer de prévarication réfléchie dans un che
professant la foi catholique, religion de vérité, de douceur e
d'amour, qui, par-dessus toute chose, interdit et condamn
toute intrigue, toute malice, toute duplicité (1). S'il en est qu
par des menées indignes, ou par présomption, se font hisse
au pouvoir sans posséder les connaissances et autres qualité
requises, le tort ne doit s'en reporter qu'à eux. La foi n'es
plus responsable de ces sortes de fautes, dès lors qu'elle le
repousse sous les peines les plus sévères. Il existe aussi (e
c'est ce que bien des gens ignorent ou affectent d'ignorer)
il existe des natures d'hommes qui ne sont aucunemen
faits pour le pouvoir ; et assez souvent il arrive que ce son
précisément ceux-là qui l'ambitionnent le plus. Les uns
trop souples, trop indécis, hésitent toujours ; les autres
trop prompts, trop cassants, ne doutent de rien. Il ne nou
reste qu'à gémir de toutes ces misères inhérentes à la faiblesse humaine.

L'art de commander aux autres est le plus difficile de

(1) *Timor Domini odit maum : arrogantiam et superbiam, et
viam pravam, et os bilingue detestor.* PROV., 8, 13.

tous les arts, et il doit s'apprendre avec un soin tout singulier, pour n'être mis en pratique qu'habilement et avec à-propos. Il est trop tard d'acquérir le secret de distribuer loyalement la justice, et généralement de se montrer bon administrateur, lorsque déjà l'on tient le pouvoir en main.

Si donc il advient quelquefois que l'on ait à déplorer l'exercice inconvenant, arbitraire, nous n'osons pas dire déloyal, de l'autorité, remontons à la source de cette anomalie : nous reconnaîtrons sans peine le vice principal dont est entachée depuis longtemps, sous ce rapport, l'éducation de la jeunesse, qui demande à être initiée de bonne heure à la rude fonction de commander aux autres.

C'est en étant bon soldat qu'on apprend à devenir bon général. C'est en se jouant de la justice qu'on affaiblit le pouvoir et qu'on l'expose à succomber sous le poids du mépris, si ce n'est sous les coups d'une résistance d'autant plus opiniâtre que la patience aura été plus longtemps poussée à bout.

L'injustice est une épée à deux tranchants, qui ne frappe jamais sans amener des conséquences fâcheuses et souvent irréparables : elle est d'autant plus grave, qu'elle abuse d'un plus haut degré d'obéissance; ses suites sont d'autant plus terribles et amères, qu'elle est plus inattendue et irrationnelle.

Autant la justice console et fait du bien, autant l'injustice attriste et fait du mal. La justice répand partout un parfum d'édification, ferme la bouche aux murmures, aux plaintes, à la colère, inspire l'amour et le respect, ranime le zèle, excite à la vertu, réjouit l'existence, et laisse toujours après elle de doux souvenirs; l'injustice provoque le scandale, ouvre la porte au manque d'égards, à la malveillance, à la calomnie, souffle la haine et le mépris, plonge dans le découragement, pousse au crime, empoisonne la vie, et, après avoir blessé l'homme dans ses sentiments les

plus élevés, s'efface difficilement de sa mémoire, où elle s
conquiert une pitié profonde, si ce n'est malheureusemen
peut-être, lorsque la foi est moins vive, une éternelle exé
cration : *Manet alta mente repostum*, disait Virgile, no
plus avec l'exagération du poëte, mais avec le coup d'œi
d'un vrai philosophe.

La justice est la première vertu d'un homme attentif e
généreux ; l'injustice est le propre d'un homme distrait o
sans cœur. Oh ! qu'il faut de prudence et d'énergie dans u
chef, muni d'ailleurs des plus excellentes qualités et d'un bo
vouloir incontestable, pour se mettre à l'abri des cotterie
qui l'obsèdent, des vengeances qui le menacent, des ami
tiés qui le flattent, des entourages qui l'abusent, des préju
gés qui le dominent, du mensonge qui le trompe, de l'indi
gnité qui le séduit !

Ce sont des réflexions analogues à celles que nous venon
de faire qui font quelquefois trembler les supérieurs cons
ciencieux, et qui engagent les inférieurs remplis de la craint
de Dieu à leur alléger le fardeau du pouvoir par leur dé
vouement et leur docilité (1).

Il faut avoir su aimer, respecter et honorer le pouvoir
quand on n'était que subordonné, pour savoir lui concilie
l'estime, la confiance et l'amour, quand soi-même on es
devenu, par l'ascendant de l'âge ou des talents, supérieu
et maître. « Malheur à vous, législateurs, disait Jésus
« Christ aux pharisiens, parce que vous imposez aux hom
« mes des fardeaux qu'ils ne peuvent porter, et vous-même
« vous ne touchez pas du doigt les charges que vous faite
« peser sur eux !... Malheur à vous, parce que vous em
« portez la clef de la science sans être entrés vous-même
« dans son sanctuaire, et vous empêchez d'y entrer ceu
« qui sont sur le seuil de la porte ! (2) »

(1) HEBR., 13, 17. — (2) LUC., 11, 46 et 53.

Il est donc essentiel, et l'on ne saurait trop le répéter, que, dès le berceau, l'enfant, qui est dans le cas d'être appelé un jour à conduire les autres, n'ouvre les yeux de la raison que pour apprécier la légitimité des affections, le charme de l'autorité, et la justice de la direction qu'il remarque, à son endroit, chez ses parents ou ceux qui les représentent. Plus tard, il faut qu'il aime toujours à obéir, frappé qu'il sera de la beauté, de l'universalité, de l'unité de la discipline domestique ou de la règle du collége. Enfin, il est indispensable qu'il grandisse avec une idée toujours plus haute de la sainteté et de la responsabilité du pouvoir, comme aussi de la nécessité et du mérite de l'obéissance.

Si l'on agit différemment, on risque d'habituer l'enfant à obéir comme une machine; et, en négligeant de faire comprendre à sa jeune raison les exigences communes de l'ordre, le pouvoir, lorsqu'il devrait paraître avec tout le prestige de sa légalité, se donne maladroitement tout l'air d'une force brute et sans motif.

Quand on inflige des punitions même méritées, qu'on n'oublie pas que la faible intelligence de l'enfant a besoin d'apprécier plus justement le rapport qu'elles ont avec les fautes qui les ont encourues : autrement on ne manquerait pas d'inspirer de la défiance envers l'autorité, en l'exposant à passer pour arbitraire; on irriterait contre elle les esprits les plus dociles; on lui aliénerait les cœurs les plus dévoués.

Lorsqu'on décerne des récompenses les plus légitimement acquises, il importe de faire observer le double concours du travail et des dons de la nature, qui doivent se prêter un mutuel appui pour obtenir de plus amples succès : autrement on donnerait lieu au découragement, à des plaintes, à des excès d'un travail stérile, d'une part; et, de l'autre, à la vanité, à l'ingratitude, à la paresse.

Qu'on évite encore avec soin de fermer trop légèrement

les yeux sur des usages des plus impolitiques, introduits
dans nos mœurs, à l'époque du bouleversement révolutionnaire du dernier siècle, par les ennemis de toute autorité
de tout droit et de tout ordre, toujours (qu'on en demeure
bien convaincu) au détriment du pouvoir et du respect qu
doit lui être rigoureusement maintenu, si l'on veut que, du
petit au grand, les véritables intérêts du peuple marchen
sans encombre. Ainsi, par exemple, sans admettre absolument l'opinion de quelques auteurs graves qui s'élèven
avec force contre le tutoiement, on conviendra qu'il ne fau
pas non plus le généraliser chez les enfants à l'égard de
leurs père et mère. Le *toi* peut être le langage de l'amour
mais le *vous* est mieux le langage du respect. Si le *vou*
semble avoir trop de réserve et de froideur, et le *toi* plus de
tendresse et d'abandon, nous prierons d'observer que le *to*
se trouve plutôt sur les lèvres des enfants gâtés, et le *vou*
dans la bouche des enfants dociles. Et faut-il être surpri
qu'avec un mode d'éducation qui ouvre naturellement l
porte à l'impertinence, l'enfant soit précoce à traiter les anciens d'égal à égal, et arrive même à revendiquer le droi
d'être homme lorsqu'il n'est encore qu'à peine sorti de
langes?

Combien donc on abuse le peuple quand on lui inspire
de tolérer dans l'éducation des enfants un laisser aller, une
négligence, une indiscrétion, qui amènent le plus souvent
des conséquences désastreuses!

Combien on abuse le peuple quand on travaille à change
dans son esprit le sens des mots, à confondre à ses yeux
toutes les idées d'ordre et de désordre, de vice et de vertu,
de mensonge et de vérité; à créer pour ses instincts perverti
une langue révolutionnaire, dans laquelle il est bien entendu que la propriété, c'est *le vol!* le travail, *un droit*
l'insurrection, *un devoir!*...

Combien donc on abuse le peuple quand, par des parole

téméraires, fausses et insensées, on vient perfidement l'indisposer, le soulever, l'ameuter contre l'autorité, qui est le principe sacré où il puise à la fois et la vie morale et la vie matérielle!

Combien on abuse le peuple quand, le blasphème dans le cœur et le mensonge sur les lèvres, on rabaisse à ses yeux la dignité suprême de l'Église du Sauveur, type primitif de toute vraie autorité sur la terre!

Encore une fois, combien on abuse le peuple quand, rompant avec les derniers sentiments de l'humanité, de misérables ambitieux, aux cris hypocrites d'*à bas les tyrans!* et sous un voile imposteur de liberté, d'égalité, de fraternité, ne songent qu'à se faire des marche-pieds avec les cadavres de leurs frères mêmes (1), s'il le faut, pour arriver au pouvoir, et le changer en un despotisme farouche, absolu et sans frein, où l'opinion publique aurait bientôt à les flétrir, comme elle l'a déjà fait naguère, de la triple couronne de l'égoïsme, de la barbarie et de la honte!

(1) On lisait, dans le *Constitutionnel* du lundi 18 juin 1849, un article plein d'à-propos, dont voici un extrait :

« Le mot de fraternité est dans toutes les bouches; jamais il n'a été tant question d'humanité, et jamais on n'a fait si peu de cas de la vie de ses semblables; jamais on n'a été moins avare de sang français. Les vieux généraux hésitent et réfléchissent avant de donner une attaque ; ils se savent responsables du sang de leurs soldats : les tribuns dont la France pullule aujourd'hui n'y regardent pas de si près; c'est de sang-froid, à tête reposée, et la conscience tranquille, qu'ils donnent le signal de la guerre civile, et qu'ils font périr, les uns par les autres, des centaines et quelquefois des milliers de leurs concitoyens, comme si le sang versé ne devait pas retomber sur eux ! et vous ne voulez pas que la France s'indigne de se voir ainsi déchirée par des mains parricides! vous ne comprenez pas que les cœurs honnêtes éclatent à la vue de ces hontes et de ces infamies! Vous avez souvent parlé de l'impôt du sang; vous le faites peser bien durement sur ce pays, vous qui rallumez sans cesse la guerre civile, vous qui redoutez si peu de faire entendre des paroles homicides!... Les fusils que vos mains ne tiennent pas, ce sont vos paroles et vos écrits qui les font partir : vous ne savez pas qui vous tuerez, mais vous savez bien que du sang coulera!... »

VII.

Mais, disons-le encore, rien de cela ne doit nous étonner chez une nation dont l'existence légale ne repose que sur la négation de toute religion ; négation positive, masquée par un mot qui implique une contradiction évidente et une absurdité palpable : *Égalité de tous les cultes.*

Un particulier peut être libre, dans le for de sa conscience, d'avoir tel ou tel culte, ou même de n'en avoir pas du tout ; mais une nation qui se dit avancée en civilisation ne peut être indifférente au culte de la vérité et au culte du mensonge. Si elle n'épouse pas publiquement le culte de la vérité, il est du moins de nécessité absolue qu'elle lui donne de loyales garanties de liberté, ou qu'elle consente à se laisser dire qu'elle s'abdique, qu'elle se prostitue, qu'elle se suicide elle-même. Une nation catholique qui donne l'exemple de l'indifférence en religion, et qui apporte, ouvertement et dans l'ombre, des entraves continuelles à la mission éminemment civilisatrice de l'Église, cette nation, par les motifs que nous avons exposés plus haut, semble se poser de sang-froid sur un volcan sans cesse en fermentation : elle se voit, chaque jour, à la veille d'un coup de main hardi, de la part du premier intrigant qui se croira susceptible de disposer d'une force plus grande ; elle s'endort, chaque nuit, livrée à la merci de toutes les passions mauvaises qui la tiraillent dans tous les sens, et ne se réveille, chaque matin, qu'avec la triste perspective d'un bouleversement possible, qui menace à la fois son repos, son activité, son industrie, son commerce, ses institutions, en un mot, sa vie !

Vous appelez solennellement la religion catholique pour mettre sous la protection du ciel la constitution que vous promulguez; vous l'appelez à prier pour les malheureuses victimes de vos discordes civiles; vous l'appelez avec l'éclat de ses cérémonies, la force de sa parole, la vertu de ses invocations les plus saintes, pour rehausser la dignité, consacrer la mission et fortifier le zèle de la magistrature; vous l'appelez pour bénir, de tous ses vœux, vos drapeaux, vos cités, vos champs, votre liberté même; vous l'appelez enfin à rendre au Seigneur de justes actions de grâces pour les succès nouveaux de votre industrie : vous avez raison, vous cédez à un noble instinct, vous remplissez un devoir impérieux. Mais, pour être conséquents avec vous-mêmes, il fallait commencer par mieux faire encore, et, tandis que vous sentez le besoin de la religion sainte qui est celle de la majorité des Français, lui donner les coudées franches pour faire remonter la séve de la vérité, de la justice et de l'ordre dans le corps social, qui languit et menace de s'éteindre, au milieu des horribles paroxysmes qu'excite de toutes parts la manie des révolutions. Autrement, vous devez sentir peser sur votre cœur ces mots dont il est cependant si facile, avec un peu de droiture et de courage, de conjurer l'anathème : *Mentita est iniquitas sibi!* L'iniquité s'est menti à elle-même (1)!

Élevons donc les yeux, et voyons maintenant ce que devient notre belle France, ce pays où la foi chrétienne a opéré tant de merveilles, et fondé tant de magnifiques établissements pour toutes les misères humaines : que devient-elle, depuis qu'on lui a fait quasi apostasier la Religion catholique, qui seule, coordonnant tous les pouvoirs, respectant tous les droits, cimentant tous les principes d'ordre, de paix et de prospérité, en faisait la reine de la civilisation? Laissons parler les faits : partout la ruine, les complots, la ré-

____

(1) Ps. 26, 12.

volte ; partout la crainte, l'ennui, le désespoir ; partout la haine, la vengeance, le crime ! partout les œuvres gigantesques de la charité de l'Église pour le soulagement des pauvres sont frappées au cœur, et luttent péniblement contre l'envahissement d'une philanthropie niaise (1)!... N'est-ce pas trop pour nous éclairer encore une fois sur le sort qui attend notre chère patrie, si la divine Providence, plus puissante que la malice des hommes, ne prend pitié de nous, et ne relève, aux yeux des peuples, les principes sacrés de l'autorité, de la justice et de l'ordre, par le respect de la nation pour l'Église, ses lois et ses droits ? Car apprenons-le de la bouche du prophète Isaïe : « O sainte Église du Sauveur, s'écrie-t-il inspiré de Dieu, « le peuple et le royaume qui ne vous seront pas assujettis « périront ; et les ravages dont ces nations seront désolées, « les assimileront à un effroyable désert (2). — O cité de « Dieu, dit d'autre part le saint homme Tobie, lisant dans « l'avenir que l'Esprit-Saint lui dévoile ; ô cité de Dieu, « Église sainte, vous serez éblouissante de lumière, et vous « recevrez l'hommage de tous les peuples jusqu'aux extré- « mités du monde... Ceux qui vous mépriseront seront mau- « dits de Dieu ; ceux qui lanceront contre vous l'outrage et « le blasphème seront réprouvés ; et ceux qui vous édifie- « ront par leurs vertus seront bénis. Pour vous, vos enfants « seront votre joie, parce que le Seigneur les bénira tous, « et qu'en vous ils seront tous réunis à lui. Heureux sont « ceux qui vous aiment, et qui mettent leur bonheur dans « la paix que vous versez en abondance sur vos fidèles (3)!...»

(1) L'impiété est partout la même. Voyez comment les révolutionnaires viennent de traiter, en Suisse et en Italie, les couvents, les hospices, les asiles les plus vénérables de l'étude et de l'indigence !...

(2) ISAÏE, 60, 12.

(3) TOB., 13, 13-18.

VIII.

Mais comment espérer ce bonheur avec une presse effrénée, cratère infâme par lequel des hommes qui n'ont sous
la plume le mot de liberté que pour voiler leur malice (1),
ne cessent, dans les interminables colonnes d'une littéra-
ture odurière, de vomir sur la société, déjà livrée à tant
d'agitations, le mensonge, la calomnie et le blasphème?
Non, avec la liberté illimitée de la presse aujourd'hui si ac-
tive, il est constant qu'il est impossible qu'un gouvernement d'ordre puisse y tenir longtemps. Il ne reste donc
plus que l'anarchie; or l'anarchie n'est pas un gouvernement: nous voilà donc dans le chaos! La théorie, sur ce
point, se trouve d'accord avec les faits; et l'on ne conçoit
pas comment des lois sévères ne viennent pas enfin répri-
mer le mal qui est pour la société le pire des maux, puisqu'il les réunit ou du moins qu'il les provoque tous. Mal
implacable, contre lequel le génie de Napoléon ne vit d'autre remède qu'une suppression prudente et sévère, le considérant avec raison comme un membre gangrené qu'il fallait, au plus tôt et sans pitié, retrancher du corps social,
pour rendre à celui-ci la vie moins fébrile, et prévenir des
dangers incessants.

Quoi! vous enverrez un homme aux galères, vous le con-
damnerez à mort, pour un vol, pour un assassinat, c'est
juste : et l'écrivain éhonté qui l'aura poussé au crime en lé-
gitimant la fraude à ses yeux, et en préconisant le meurtre,
marchera la tête haute, comme pour insulter plus lâche-

---

(1) *Quasi velamen habentes malitiæ libertatem.* 1. PETR., 2, 16.

ment à sa victime? Sommes-nous donc un peuple de sauvages, puisque chez nous la justice et la loi sont ainsi renversées?

Mais ce n'est pas tout : pour bâtir ou réparer un édifice, que de temps, que d'études, que de soins, que d'ouvriers, que d'argent! Au contraire, pour l'endommager ou le démolir, la besogne est facile, prompte et peu dispendieuse. Dans un même temps, avec les mêmes moyens, on aura donc beaucoup plus renversé que construit. Appliquez ce raisonnement à la presse libre, et dites : Un instant peut suffire, une brusque attaque, un oubli, une faiblesse, pour pervertir un individu honnête et bon; tandis qu'habituellement il faut de longues années, des ménagements, de sérieux retours sur soi-même, un rare courage, pour dissiper des préjugés une fois admis, pour convaincre d'erreur un esprit égaré, pour ramener au bien un cœur corrompu. Calculez alors avec quelle effroyable rapidité le mal se propage, au préjudice du bien !

Il est vrai que si nos célèbres apologistes du vice et de l'incrédulité daignaient seulement se rendre dans nos hôpitaux et nos prisons, pour y visiter les malheureux adeptes de leurs doctrines immorales et impies, succombant, ici sur un lit de douleur, à leur infamie et à leur désespoir, là dans un cachot, sous les coups du remords et de la justice; peut-être leur plume, formée à distiller le poison, reculerait-elle épouvantée! Mais il est remarquable que ces froids philanthropes, grands prédicateurs d'une étrange fraternité, n'ont guerre d'attraits pour l'asile de la souffrance, et affectent d'ignorer des supplices qui viendraient troubler leur sommeil, et se dresser devant eux pour leur reprocher et leurs écrits obscènes et leurs conseils homicides. Ils osent cependant quelquefois se montrer généreux ; c'est quand ils s'arrogent le rôle de justifier leurs complices. Ils crient alors volontiers : *Plus de lois! à bas le bourreau!* De même qu'ils crient : *Plus de Dieu ! à bas l'enfer !* Et comme il y a un Dieu, comme il faut des lois, comme la justice frappe sous le regard de Dieu et au nom de la loi, ils recourent alors, pour voiler leur hypocrisie, à un autre mot dont les leçons méritent d'être retenues : *Amnistie !* Amnistie dans le temps, c'est encore possible; mais amnistie dans l'éternité? Et néanmoins ils ont l'audace de l'espérer, tout en continuant leur vie dégoûtante de blasphème, de mensonge et de corruption!... Avouez que si ce rôle sourit à leurs habitudes de scandale, c'est bien là aussi celui qui sied le mieux à la dépravation de leur cœur; car l'honnête homme ne craint ni la sévérité, ni la juste exécution des lois. A entendre donc certaines bouches se déchaîner avec autant de fureur contre les lois et contre la justice qui en fait l'application, nous avons la mesure de ce que valent, et comme citoyens et comme hommes, ces braillards (qu'on nous passe l'expression') à l'âme si compatissante pour les plus intrépides infracteurs des lois.

Nous disons plus :

Au milieu de ce déluge de journaux, de brochures et de livres, dont une foule d'écrivains, la plupart sans nom et sans capacité, inondent la société de nos jours, on doit regarder comme une mauvaise action la publication de tout ouvrage qui n'aurait d'autre mérite que de n'être pas hérétique ou immoral. Il faut, selon nous, et nous sommes loin d'être le seul à partager cette opinion, il faut, pour rassurer sa conscience sur ce point, unir la force au talent, c'est-à-dire avoir les connaissances et le courage nécessaires pour présenter la vérité d'une manière qui soit digne d'elle, et qui la fasse ressortir, respecter et aimer. Aussi les auteurs, imprimeurs et propagateurs d'une nuée de soi-disant bons livres, fleurs sans parfum, fruits prématurés, élucubrations hâtives, plagiats sans pudeur quand ce ne sont pas des mots pour faire des phrases, que la spéculation sème

de tous les côtés, et en province à l'ombre même du sanctuaire, ressemblent-ils, généralement, à ces homéopathes
devenus célèbres pour s'être rendus habiles à dissimuler le
mal, en singeant au besoin une guérison. Mais, *auri sacra
fames!* on fait ses affaires!...

Les Pères du concile de Paris, à propos de la liberté de la
presse, tiennent aux écrivains religieux un langage que la
prudence ne saurait trop méditer :

« La presse élève chaque jour la voix, l'univers entier
l'entend ; elle retentit dans les lieux publics, elle pénètre au
sein des familles ; il n'y a pas une seule question qu'elle ne
croie de sa compétence. Elle donne sur toutes son avis, ses
appréciations, ses jugements ; elle fait l'opinion, elle gouverne le monde.

« Cette puissante initiative de la presse, selon qu'elle est au
service de la vérité ou de l'erreur, produit de grands biens
ou de grands maux. La liberté du mal étant donnée, ce n'est
pas nous assurément qui voudrions restreindre la liberté du
bien. Et pourtant tout n'est pas permis pour le bien ; le zèle
est condamnable quand il n'est pas tempéré par la sagesse.
Il y a une licence que les enfants du siècle se donnent, mais
que les enfants de l'Église doivent s'interdire. Pour eux il n'y
aura jamais de liberté illimitée. La charité, la décence, les
intérêts et les règles de la religion, le respect qu'ils se doivent à eux-mêmes et le respect qu'ils doivent aux autres,
imposent une grande retenue à leurs pensées, et à leurs
plumes un frein. Il est des sujets surtout qu'ils ne doivent
traiter qu'avec la plus grande réserve, et en l'environnant
toujours de sages conseils. Quand il s'agit de l'Église, de ses
droits, de ses intérêts, de sa conduite, pourraient-ils oublier
qu'il ne leur appartient pas de se jeter en avant, et de de-
vancer les chefs?

« Nous comprenons tout ce qu'il y a de droiture dans les
cœurs, de pureté dans les intentions; nous comprenons en-

core les ardeurs et les impatiences du zèle ; mais nous comprenons aussi le péril qu'il y aurait d'intervertir dans l'Église l'ordre des pouvoirs établis par Jésus-Christ, de donner la parole à ceux qui doivent écouter, et le gouvernement à ceux qui doivent obéir. Ah ! ne portons pas dans notre société religieuse les mœurs, les habitudes des autres sociétés, si nous ne voulons pas y porter bientôt le trouble et le désordre. Conservons-nous purs de tout excès, afin qu'en nous voyant, ceux du dehors soient forcés de rendre hommage à notre foi, principe et règle de notre conduite (1). »

Autrefois l'imprimerie était sauvegardée, en France, par des règlements qui opposaient une digue opportune et infranchissable à la licence des mœurs et de l'irréligion. Et s'il arrivait qu'un libertin ou un impie s'avisât de vouloir faire du scandale, il était forcé d'avoir recours à des presses clandestines ou étrangères ; et ses productions immondes, par le cachet d'opprobre qui les frappait en naissant, devenaient une occasion nouvelle de protester avec énergie contre l'esprit de vertige qui s'en rendait coupable.

Aujourd'hui ce n'est plus cela. Tout est profané par la presse : on y fonde des chaires d'immoralité, où monte qui veut pour justifier à son gré ses égarements, et finir par l'apologie du vice. On y entasse inconséquence sur inconséquence, contradiction sur contradiction ; et, pour n'en citer qu'un exemple fameux, l'impiété ayant naturellement en exécration tout ce qui honore l'Église, devait conserver une haine implacable et jurer une guerre à mort aux pères Jésuites. La presse est le champ de bataille, et le sophisme l'arme ténébreuse, qui servent à ce combat à outrance et déloyal, non plus seulement contre les paisibles enfants de Loyola, mais contre ceux qui les environnent d'une juste considération et leur témoignent quelque confiance. Qu'on

____

(1) *Lettre synodale* du Concile de Paris, nov. 1849, § III.

juge des procédés : sous l'empire des rois, on faisait grand tapage pour accuser, de toutes les manières, les Jésuites, d'en être les assassins ; sous le régime de la république, on les persécute, en prétextant qu'ils sont les plus grands ennemis de la liberté, et les plus fermes soutiens des trônes !...

Admirons ici, pour être justes, la rage des démagogues, de vouloir rendre, à tout prix, les Jésuites complices de leurs orgies. Admirons la perfide adresse des coupables, de s'en prendre, sans forme de procès, à une société célèbre par ses vertus, ses talents et ses travaux, et d'employer contre elle, sans relâche, toutes les cabales imaginables pour lui imputer leur haine, leurs crimes et leur honte ! Nous sommes donc édifiés sur la valeur et des accusations et des prétextes, voire même des arguments qui leur servent de commentaires, et que la presse met en avant contre les Jésuites, et, sous ce nom, contre les vrais défenseurs des lois, de la morale et de l'ordre, dans tous les pays du monde où leur zèle les conduit. La presse osera peut-être encore vanter son impartialité !...

Ainsi, voilà qui est bien entendu : le dernier vaurien pourra publier son journal, son feuilleton, son livre ; ne rougira plus d'étaler la turpitude de ses pensées, de ses sentiments et de ses actes ; osera même insulter de front toutes les institutions sociales ; il le fera impunément : la presse est libre !...

Ah ! n'attendez point qu'on respecte votre parole, vos lois, vos institutions humaines, tandis que vous laisserez un libre cours à des torrents d'outrages contre la parole, les lois, les institutions divines. C'est comme si l'on prétendait ne point être brûlé vif, quand on se cloue sur un bûcher aux quatre coins duquel on fait mettre le feu.

Et, de grâce, ne nous taxez pas d'obscurantisme ! Vous voulez les lumières ? rassurez-vous : et nous aussi, nous les

voulons, et nous pouvons nous flatter de les vouloir, et plus
sincèrement et avec plus d'ardeur que vous ; car nous re-
poussons, de toute notre âme, ces lumières lugubres, men-
songères et pernicieuses, dont l'enfer seul est capable d'al-
lumer les flambeaux. C'est là l'obscurantisme fatal, lumière
bâtarde, empruntée, fétide, qu'il faut bannir loin d'une patrie qu'on aime, pour faire place aux doux rayons de cette
lumière vive, bienfaisante et vraie qui est descendue du ciel
pour pacifier la terre, et éclairer tout homme venant au
monde !...

La presse libre ? oui : mais, au moins, la presse obligée,
par une répression conservatrice, à se respecter elle-même.
Si la presse se fait folle, quoi de plus juste que de la sur-
veiller comme on surveille un fou ?... Il est vrai que cette
folie n'est quelquefois que le résultat terrible d'une irritation,
sinon excusable, du moins digne d'une généreuse commi-
sération et même d'une certaine sympathie, lorsque l'autorité, venant à méconnaître ses devoirs les plus essentiels,
semble, par l'imprudence ou l'iniquité de ses actes, ne tenir
aucun compte, ni du blâme qu'elle encourra, ni des plaintes qui l'aissailliront de tout côté, ni de la révolte qui la
talonnera sans garder désormais envers elle aucun ména-
gement. Hélas ! l'humanité se retrouve toujours avec son
orgueil et ses faiblesses ; et c'est là le mot de l'énigme qui
nous explique, sans les justifier, bien des révolutions politiques et des infidélités religieuses. Mais à part ces fatales
exceptions, que l'on objecterait en vain, où l'autorité donne
elle-même prise à de graves reproches, d'ordinaire la folie
de la presse tient plutôt de la malice de quelques-uns de ses
écrivains égoïstes ou impies, sortes de charlatans dangereux qui n'ont pas plus de sentiment dans le cœur que de
raison dans l'esprit, et dont il faut savoir se garer prompte-
ment, si l'on veut ne pas périr, d'un moment à l'autre,
victimes de leurs poisons subtils !...

IX.

L'Église, dépositaire incorruptible et perpétuelle de l'immuable parole de Dieu, consignée dans les Livres saints, apparaît aux yeux du vrai philosophe, de l'économiste prudent et du sage politique, dans toute la majesté de la grandiose image que nous trace le disciple bien-aimé, quand, sous l'impression de son regard prophétique, il s'écrie, au chapitre douzième de l'Apocalypse : « Un grand prodige « apparut dans le ciel, une femme revêtue du soleil, et ayant « la lune sous ses pieds, et portant sur sa tête une cou- « ronne de douze étoiles. »

Oui, l'Église est cette femme mystique que ceint de toute sa beauté, de toute sa puissance, de toute sa grâce, le splendide et unique soleil des intelligences, Jésus-Christ ; soleil divin qui réjouit les âmes par le magnifique éclat de ses rayons, qui les purifie par la douce ardeur de ses feux, qui les ranime par l'action vivifiante de sa lumière.

L'Église ! c'est l'incomparable épouse de l'Homme-Dieu, qu'il s'est acquise par son sang, qu'il alimente de son Esprit, et qui, foulant aux pieds toutes les vanités passagères d'ici-bas, s'élève, comme l'aurore, vers ses sublimes destinées, toujours fraîche, brillante et pure, ayant pour diadème les douze apôtres du Christ et les fruits merveilleux de leur commune et divine mission.

L'Église ! c'est le chaste sein où nous sommes régénérés par la grâce, nourris du lait de la parole sainte, fortifiés du pain de vie, et soutenus par les dons admirables du Saint-Esprit.

L'Église ! c'est le temple vivant de la gloire de Dieu, temple immortel dont le Seigneur lui-même est le fondateur et l'architecte, temple auguste dont nos fameuses basiliques ne sont que la figure, temple saint dont le Christ, par le marteau de sa grâce, polit les pierres, c'est-à-dire perfectionne les âmes qui, par leur bonne volonté, se rendent dignes de leur angélique vocation.

L'Église ! c'est la tranquille bergerie où le bon Pasteur prépare à son troupeau fidèle d'abondants et délicieux pâturages, et où il ramène, dans sa mansuétude, la brebis égarée, après s'être fatigué longtemps peut-être à sa recherche et à sa poursuite.

L'Église ! c'est l'asile inviolable et sacré où le coupable accourt, prie et obtient son pardon ; où le juste s'abrite, s'instruit et se justifie davantage.

L'Église ! c'est le berceau ravissant de l'enfance, le collége béni de l'adolescent, la maison d'or du vieillard.

L'Église ! c'est la providence souriante du pauvre et de l'orphelin, le baume consolateur de la souffrance et de l'affliction, le noble appui de la fragilité, la couronne impérissable de l'héroïsme !

L'Église ! c'est le modèle sans égal d'une autorité toujours juste, toujours ferme, toujours paternelle, et d'une hiérarchie dont l'obéissance et le zèle font la force et la gloire.

L'Église ! c'est la sentinelle vigilante, le bon ange des générations qui ne se renouvellent que pour recommencer une lutte incessante en ce monde ; c'est la trompette retentissante dans tout l'univers, dont les sons harmonieux, de toutes parts, inspirent la paix, prêchent l'union parmi les hommes, s'évertuent à établir l'ordre, et maintenir le respect pour les personnes et les propriétés.

L'Église ! c'est, au nom du Seigneur, la régulatrice de tous les devoirs pour toutes les conditions ; c'est le modé-

rateur dont le savoir et l'expérience ne sauraient se tromper, et qui, en prescrivant au maître douceur, obligeance
et loyauté, impose au serviteur de demeurer toujours soumis, exact et fidèle. C'est le foyer toujours embrasé de la
confiance réciproque, qui relève et rend faciles toutes les
transactions; de cette confiance qui doit exister entre celui
qui indique la route et celui qui la suit.

L'Église! c'est l'obligeant compagnon du pèlerin des
cieux, le guide toujours sûr du voyageur attentif qui craint,
au moindre écart, de tomber dans un abîme; l'étoile po-
laire de l'intrépide nautonier qu'effrayent, sur la mer du
monde, la violence et l'obscurité des tempêtes.

L'Église! c'est l'arche par excellence qui nous garantit
du déluge et des mauvaises passions du siècle, qui nous
préserve des écueils et du naufrage, et qui nous conduit, à
travers les flots en courroux, au port de la vie éternelle.

L'Église! c'est l'inébranlable colonne de la vérité, qui voit
venir se briser et se perdre à ses pieds les flots impétueux
de l'orgueil, du mensonge et de la corruption; c'est l'édifice bâti sur la pierre de prédilection, pierre vivante, pierre
immobile contre laquelle les portes de l'enfer, dans toutes
leurs fureurs, ne sauraient jamais prévaloir (1).

L'Église! c'est le centre de l'unité, de la sainteté, de la
catholicité, vers lequel, du milieu de l'agitation qui tour-
mente le siècle, ont besoin de converger les esprits sérieux
et les cœurs avides de repos.

L'Église! c'est la gardienne imperturbable de la foi, la
boussole infaillible des sciences, l'arbitre suprême de tout
progrès.

L'Église! c'est le ferme soutien de l'espérance modeste
et patiente, la leçon aisée du sacrifice joyeux et complet,
l'arène accessible, en tout temps et à tous, de toutes les
saintes vertus.

(1) I. PET., 2, 6; et MATTH., 16, 18.

L'Église ! c'est le sanctuaire de la charité de Jésus-Christ, le vase embaumé où fleurit cette charité précieuse qui rend, conserve et embellit l'innocence ; le vase rempli de cette charité inépuisable qui prodigue aux enfants de Dieu les trésors d'une franche liberté, les avantages d'une égalité discrète, les ressources d'une cordiale fraternité ; le vase duquel déborde cette charité puissante qui nous enrichit de sa plénitude (1), et qui, après les épreuves de cette vie d'exil, ouvre au vrai disciple du Sauveur les portes de l'éternelle patrie.

Oh ! donc, quel plus beau titre peut ambitionner un mortel sur la terre, que celui d'enfant de l'Église ? Enfant de l'Église, qui veut dire à la fois et frère de Jésus-Christ et enfant de Dieu ! Comment ne pas environner de la plus profonde vénération cette amie si dévouée, cette bienfaitrice si généreuse, cette nourrice si tendre de l'humanité ? Comment ne pas chérir, de toutes les fibres les plus intimes du cœur, cette mère si pleine de sollicitude pour des enfants dont la misère extrême lui rappelle l'origine de ses grandeurs ? Enfants de colère selon la nature, ne nous a-t-elle pas conçus selon la grâce, en partageant sur le Calvaire l'opprobre de son céleste époux, au moment où, nouvelle Ève, formée du sang et de l'eau qui sortirent du côté percé du nouvel Adam endormi sur la croix sous les coups de la justice et de la miséricorde de Dieu, elle naissait vierge, dans l'âge parfait de la fécondité, pour peupler la terre des fruits incessants et sans nombre de sa virginité féconde jusqu'à la fin des temps, terme heureux de son pèlerinage et de ses glorieux combats, et mémorable époque de son repos et de son triomphe éternel aux cieux ? C'est là que l'attend à récompense son chef et son époux, le roi immortel des siècles, le premier-né d'entre les morts, Jésus-Christ, le Fils de Dieu ressuscité, qui n'a dû entrer dans sa gloire que par ses souffrances, après avoir, au prix de ses humiliations et de sa mort, conquis les nations pour héritage.

O Église de mon Dieu! chef-d'œuvre de son ineffable miséricorde et de sa puissance infinie! miracle de grâce! que vous êtes vénérable, que vous êtes aimable aux yeux de la foi! Laissez-moi donc vous dire, ô mère bénie, avec toute l'effusion de mon cœur, que je vous aime et veux vous aimer toujours, et qu'il n'y a d'heureux en ce monde que ceux qui vous aiment!...

L'amour de l'Église est le caractère du vrai fidèle, et fait son bonheur. On ne peut aimer Dieu sans aimer l'Église, qui est la cité où il règne, le temple où il est adoré, la maison qu'il habite, l'épouse et le corps mystique de son Fils bien-aimé. Pouvons-nous nous flatter d'être de dignes enfants de Jérusalem, si nous ne nous intéressons ni à ses biens, ni à ses maux? L'amour de la patrie était autrefois la passion dominante des Grecs et des Romains : ils ne tenaient à rien, pas même à la vie, lorsqu'il s'agissait du bien, du repos et de la gloire de leur patrie. L'amour de l'Église doit être la vertu des chrétiens ; ils doivent être prêts à lui tout sacrifier, s'il le faut. Heureux donc ceux qui aiment l'Église, et qui mettent leur joie dans sa paix, qui la désirent, qui la demandent, et qui travaillent à y contribuer de toutes leurs forces!...

X.

Nous venons de voir les titres qui signalent l'Église à notre vénération et à notre amour. Et cependant il se rencontre des hommes assez infatués d'eux-mêmes pour la méconnaître, assez ingrats pour l'oublier, assez téméraires pour l'outrager. Quelle folie !...

Tâchons de nous expliquer comment l'homme arrive à cet étrange désordre, à ce fatal dérangement de ses facultés les plus exquises.

La raison et la foi, malgré leur dissemblance, sont néanmoins deux rayons du même Soleil divin qui éclaire tous les esprits, deux émanations du même Dieu de vérité qui ne peut ni se tromper ni nous tromper, deux filles du même Père des lumières. L'une est cette lumière naturelle, primitive et universelle, que Dieu répand dans l'intelligence de tous les hommes, et qui, par l'évidence des principes ou par la claire liaison des conséquences, entraîne leur conviction dès qu'ils y sont attentifs. L'autre est cette lumière surnaturelle, mêlée de nuages et de ténèbres, qui découvre à l'âme les objets supérieurs à notre intelligence, les mystères que nous ne pouvons comprendre, que nous ne pouvons même concevoir qu'à travers un voile, mais que nous devons croire fermement, à cause de la clarté des motifs qui nous montrent que Dieu, en les attestant par des prodiges indubitables, a lui-même parlé. La foi, il est vrai, ne nous rend pas évident ce que Dieu a dit et ce qu'il nous faut croire sur sa parole ; mais la raison nous rend évident qu'il l'a dit et qu'il faut le croire.

Ah! si l'on appelle insensé celui dont la lumière naturelle de l'intelligence est éteinte ou seulement affaiblie, n'est-il pas plus juste de qualifier de ce nom celui dont la lumière surnaturelle de l'âme pâlit, si elle n'est déjà perdue?

L'un et l'autre sont environnés de ténèbres plus ou moins épaisses. Dans le premier, c'est la lueur de la raison qui se trouve en défaut; dans le second, c'est le jour de la foi qui décline et fait place à une sombre nuit : avec cette énorme différence qu'il ne dépend pas toujours de l'idiot ou de l'aliéné, même avec les soins les plus assidus de la médecine, de recouvrer la raison; tandis qu'il est constamment au pouvoir de l'indifférent ou de l'incrédule de rallumer en lui le flambeau de la foi, en implorant l'assistance de la grâce par une prière faite avec un cœur contrit et une ferveur persévérante.

Du reste, la folie de l'un a tous les caractères de la folie de l'autre; mais les causes et les conséquences de l'aberration sont particulières. Ainsi, tous les deux sentent, parlent, agissent, chacun dans sa sphère respective, en dehors des règles, des usages, des convenances communes et universellement admises, et, ce qu'il y a de plus triste, souvent sans se douter de leur malheur : tant il est vrai que l'intensité du mal chez l'homme se calcule quelquefois par l'absence du sentiment qu'il en a, et qu'à ses propres yeux (l'expérience le prouve) il n'y a rien de moins fou qu'un fou, soit qu'on le considère avec l'absence de la raison, soit qu'on l'envisage plongé dans le chaos de l'incrédulité.

L'un voit et entend, mais n'a plus la perception intellectuelle de la parole humaine, ni le vrai sens des choses de la terre; l'autre voit et entend, mais ne saisit plus l'onction spirituelle de la parole divine, ni la valeur des biens dont s'enrichissent ceux qui cherchent sérieusement le royaume des cieux. Après tout, l'un n'est privé que d'un bien-être temporel ; l'autre, hélas ! s'enfonce toujours plus profondément dans un abîme sans fin, où il joue son éternité !

Il faut donc reconnaître que s'il est juste, en ce qui touche les vérités naturelles, de s'en rapporter au sens commun, il est souverainement raisonnable, par rapport aux vérités surnaturelles, de s'en tenir au témoignage de Dieu, manifesté par l'autorité de l'Église qu'il a solidement établie, et dans laquelle son esprit, qui ne peut errer, conserve dans toute sa pureté et son intégrité le dépôt de la révélation divine : témoignage d'ailleurs dont cette même révélation fournit les preuves les plus irréfragables, et qui est confirmé par des miracles évidents, aussi bien que par d'autres motifs de crédibilité auxquels doit se rendre tout homme sage et désintéressé.

Quand on examine de près les systèmes religieux inventés par les hérétiques ou apostats anciens et modernes, on n'est pas peu surpris, au milieu de tant d'opinions divergentes, de les rencontrer à peu près tous sur un même terrain : ils se vantent de n'avoir d'autre guide, d'autre règle, d'autre loi morale que la raison, et commencent par s'en faire une idole qui met à l'aise leurs viles et insatiables passions, et à laquelle, par ce motif, ils aiment à prodiguer leur encens.

N'a-t-on pas vu, à la fin du dernier siècle, les héros de l'impiété, les mêmes qui de nos jours ébranlent en Europe la société jusque dans ses premiers fondements, sous les coups de leurs doctrines perverses ; ne les a-t-on pas vus oser imaginer une déesse de la raison, et pousser l'impudeur jusqu'à placer, sur l'autel du vrai Dieu, leur divinité factice, sous l'ignoble symbole d'une prostituée, avec la sacrilége prétention d'exiger pour elle un culte général et public? Mais les novateurs, aujourd'hui comme autrefois, sont bientôt forcés, par leurs propres principes, d'admettre les absurdités les plus monstrueuses, et finissent, de chute en chute, par tomber dans les conséquences les plus révoltantes. Là les attendent, pour faire justice de leur folie, la risée, si ce n'est l'indignation du peuple, et souvent le mépris et le dégoût qu'ils s'inspirent eux-mêmes entre eux (1).

La raison, lorsqu'on en fait un usage légitime, nous conduit, comme par la main, à la révélation, qui, loin de lui être opposée, découvre son insuffisance dans les choses qui sont au-dessus de sa portée, et lui offre une lumière bien-

(1) Les socialistes, vous l'entendez dire tous les jours et partout, font de vains efforts pour dissimuler la profonde scission qui s'opère entre eux. Malgré leurs protestations fraternelles, il est incontestable que si, pour le malheur de la France, certains esprits exaltés arrivaient au pouvoir, les différentes fractions du socialisme ne tarderaient pas à s'entre-dévorer.

Le spectacle dont nous avons été témoins, lors du procès de Bourges, entre Barbès et Blanqui ; les procédés peu courtois échangés à l'Assemblée par les citoyens Proudhon, Considérant et Pyat, le témoignent assez, sans parler des duels qui se reproduisent plus que jamais.

Citons un petit échantillon des attaques de M. Pierre Leroux contre M. Proudhon, qui de son côté attaque M. Pierre Leroux. M. Pierre Leroux commence ainsi :

« Mon cher Proudhon, vous êtes un démolisseur, vous n'êtes pas un « architecte.

« Convenez qu'un homme, fût-il fort comme un géant, qui, après « avoir démoli des temples, des palais, des maisons, dirait : *L'architec-* « *ture est une chimère* ; il n'y a rien à élever, il n'y a qu'à démolir, par « la raison très-simple que DÉMOLIR C'EST CONSTRUIRE, vu que toutes les « constructions, depuis le commencement du monde, n'avaient pas d'au- « tre cause finale que d'éparpiller sur la terre le bois, le fer, la pierre ; « convenez, dis-je, qu'un tel penseur serait un être bizarre, original, « mais passablement insensé.

« Et pourtant, faut-il vous le dire? *de te fabula narratur* ; vous res- « semblez à ce démolisseur. Vous avez trouvé, et c'est là, suivant vous- « même, la marque de votre originalité et le cachet de votre génie, qu'A- « NARCHIE *est l'équivalent* d'ORDRE. »

Il est inutile d'en citer davantage ; en voilà plus qu'il n'en faut pour juger des hommes qui osent se poser en arbitres suprêmes des destinées de leurs semblables.

faisante pour arriver à la connaissance des vérités les plus
nécessaires et les plus importantes.

Oui, encore une fois, un esprit droit se porte tout naturellement aux croyances infiniment élevées et conservatrices
de la foi ; et, en revanche, l'esprit de foi imprime une singulière rectitude au jugement humain. De là l'influence incontestable qu'exerce la vie de foi pour préserver de toute folie,
comme aussi la disposition très-prononcée de l'aveuglement
spirituel à provoquer le trouble, l'égarement et la perte absolue de la raison. L'expérience est là ; et si ce n'est point
assez de ce qui se passe en France pour poser l'argument
sans réplique, qu'on veuille bien reporter ses regards sur les
mœurs anglaises, surtout depuis la rupture de Henri VIII
avec l'Église et le Saint-Siége. Ce que nous avançons appa-
raîtra bientôt d'une évidence frappante, en face du nombre
incalculable de cerveaux détraqués et de victimes infortu-
nées du spleen.

XI.

Et cependant ce ne sont point les saintes Écritures qui manquent en Angleterre, puisque Londres est le grand atelier où on les réimprime dans tous les idiomes, pour les répandre à profusion jusque dans les pays les plus lointains. Mais le Seigneur a voulu que sa parole même, quelque lucide et sainte qu'elle soit, pour être plus amplement comprise et porter des fruits plus précieux, fût écoutée plutôt que lue. « La foi, dit saint Paul, provient de l'audi-« tion, et l'audition dépend de la prédication de la parole du « Christ (1). » Remarquez que l'Apôtre ne dit pas de la lecture. C'est ce qui explique pourquoi Jésus-Christ exaltait lui-même, par-dessus tout, le bonheur de ceux qui écoutent la parole de Dieu et la mettent en pratique (2). « Quiconque « écoute ma parole et croit à celui qui m'a envoyé, a la vie « éternelle (3). »

Il ne suffit donc pas, pour acquérir la science parfaite des dogmes et de la morale de la religion, il ne suffit pas de posséder une Bible, de la considérer comme un livre divin, et de la lire comme un code sublime de philosophie. Il faut de plus, en la lisant, l'écouter de la bouche sacrée de l'Église, avec l'interprétation que l'Église seule a mission de lui donner ; ce qui signifie qu'il faut lire les saintes Écritures avec la réserve que l'Église commande, dans les éditions dont elle surveille l'impression, et, au besoin, à l'aide de commentaires qu'elle approuve. Sans cela, le Seigneur per-

(1) ROM., 10, 17.
(2) LUC., 11, 28.
(3) JOAN., 5, 24.

met que sa parole même ne soit pour l'ordinaire qu'une lettre morte, une langue inintelligible, un livre scellé ; ou
mieux encore une arme que sa beauté ravissante n'empêche
point d'être dangereuse, quand on n'est pas initié au secret
de s'en servir.

C'est ce qui faisait dire à saint Augustin, que nous ai-
mons encore à rappeler avant de terminer ces études :
*Ego Evangelio non crederem, nisi me catholicæ Ecclesiæ
commoveret auctoritas ;* « Je ne croirais pas à l'Évangile,
« si l'autorité de la sainte Église catholique ne m'y déter-
« minait (1). »

C'est en ce sens que saint Paul écrivait à Timothée :
« Toute écriture inspirée de Dieu est utile pour instruire,
« pour reprendre, pour corriger, et pour initier dans toutes
« les règles de la justice, afin que l'homme de Dieu soit par-
« fait et disposé à toutes sortes de bonnes œuvres (2). »

Enfin Notre-Seigneur, parlant un jour aux Juifs, les ex-
hortait à lire les saintes Écritures, puisqu'ils avaient la confiance d'y trouver leur édification et la vie éternelle. Mais
le divin Maître ajoutait cet avertissement remarquable :
« Prenez garde, ce sont elles qui rendent témoignage de
« moi, que je suis cette vie si désirable ; et cependant
« vous ne voulez point venir à moi pour que je vous la
« donne (3) ! »

Nous vous dirons aussi : Lisez, étudiez, méditez les saintes
Écritures, pour y apprendre à connaître la route des cieux.
Mais prenez garde, ce sont elles qui rendent témoignage
que Jésus est la voie qui doit être parcourue (4), et que l'entrée de cette voie n'est ouverte qu'à ceux qui viennent hum-
blement le demander à l'Église ; car c'est le chef de l'Église,

(1) S. Aug., *lib. cont. Ep. fundam*, c. 5.
(2) 2. Tim., 3, 16-17.
(3) *Scrutamini Scripturas*, etc. Joan., 5, 39-40.
(4) *Ego sum via, et veritas, et vita.* Joan., 14, 6.

Pierre, et le Pontife suprême, successeur légitime de Pierre, qui en garde fidèlement les clefs mystiques (1). En un mot, lisez, des yeux, la lettre que l'Église vous conserve pure et entière ; écoutez, du cœur, l'esprit que l'Église vous ménage invariable et authentique. Et encore, sachez qu'il en est de la parole de Dieu comme de l'adorable Eucharistie, dont le Docteur angélique disait en, célébrant ses louanges : *Sumunt boni, sumunt mali, sorte tamen inæquali, vitæ vel interitus !* C'est-à-dire que la pureté du cœur, les saints désirs d'une vertu parfaite et une humilité plus profonde vous feront retirer un plus grand profit de la lecture, nous devrions dire de l'audition des Livres saints. Dieu abandonne à leurs idées, à leurs chimères, à leurs folles inventions (2), ces orgueilleux qui osent rapetisser les divines Écritures au niveau des productions de l'esprit humain. Il leur ferme les yeux, pour qu'ils ne voient point ; les oreilles, pour qu'ils n'entendent point ; l'intelligence, pour qu'ils ne comprennent point. Au contraire, le Seigneur ouvre les sens de l'âme en proportion de l'ardeur qu'on apporte à écouter, approfondir et mettre en pratique ses salutaires leçons :
« Seigneur, disait en soupirant d'amour le saint roi David,
« imposez-moi, pour loi, la voie de vos préceptes pleins de
« justice, et je la rechercherai sans cesse. Donnez-moi l'in-
« telligence, et je m'appliquerai à connaître votre loi, et je
« la garderai de tout mon cœur... C'est là tout ce que je
« souhaite. Détournez donc mes yeux pour qu'ils ne voient
« point la vanité, et faites-moi vivre dans la voie qui con-

______

(1) *Ego dico tibi quia tu es Petrus, et super hanc Petram ædificabo Ecclesiam meam, et portæ inferi non prævalebunt adversus eam. Et tibi dabo claves regni cœlorum. Et quodcumque ligaveris super terram, erit ligatum et in cœlis ; et quodcumque solveris super terram, erit solutum et in cœlis.* N. S. à S. Pierre. MATT., 16, 19.

(2) *Dimisi eos secundum desideria cordis eorum : ibunt in adinventionibus suis.* Ps. 80, 11.

« duit à vous... O combien j'aime votre loi, Seigneur! tout
« le jour, elle est le sujet de mes méditations. Vous m'avez
« rendu plus prudent que tous mes ennemis, par la science
« de vos commandements, pour me récompenser de les
« avoir continuellement présents à mon esprit et à mon
« cœur. J'ai prévenu, par l'intelligence que vous me don-
« niez, la sagesse de ceux qui m'instruisaient en votre nom,
« parce que les témoignages de votre loi sont le sujet habi-
« tuel de mes réflexions. J'ai pu, jeune encore, être plus
« intelligent que bien des vieillards, parce qu'avant tout je
« me suis appliqué à connaître vos commandements, pour
« y conformer ma conduite... Que vos paroles sont douces
« à mon âme, plus douces que n'est le miel à ma bouche!
« C'est par la connaissance et l'observation de vos préceptes,
« que j'en ai acquis une intelligence plus complète, et c'est
« pour cela que j'ai haï toute voie d'iniquité. Votre parole,
« ô mon Dieu, est une lampe qui éclaire mes pieds, et une
« lumière qui me fait sentir où je dois marcher pour arriver
« à vous (1) ! »

« Nous savons, dit l'apôtre saint Jean dans sa première
« épître, que le Fils de Dieu est venu, et qu'il nous a donné
« l'intelligence pour que nous connaissions le vrai Dieu, et
« que, *par la foi, l'espérance et la charité,* nous soyons,
« en son vrai Fils, *comme ses frères et ses cohéritiers.* Ce
« Fils est le vrai Dieu, et la vie éternelle. » Mais c'est à nous
de mériter que cette intelligence se développe, et fructifie
plus abondamment en nos cœurs par notre fidélité.

(1) Ps. 118, *passim.*

XII.

Quand on s'applique à la lecture, il est tout naturel qu'on cherche ou à élargir le cercle de ses connaissances, ou à prendre quelque délassement après le souci que donnent les affaires du siècle, ou du moins les devoirs de sa profession.

Or, il est une observation bien simple, et cependant du plus haut intérêt, qui doit trouver ici sa place; prêtons-y toute notre attention :

Lorsqu'on se livre à l'étude des auteurs profanes, on est frappé, tout au premier abord, de la multiplicité aussi bien que de l'incohérence des systèmes de philosophie, de morale et de religion, que chacun fait valoir comme il l'entend, comme il lui plaît. Mais si l'on s'avise d'approfondir les opinions même les plus vantées, on rencontre bientôt le vide sur lequel reposent ces idées tout humaines; et, en même temps qu'on s'aperçoit de la bizarrerie de leurs conséquences rigoureuses, l'on se doute, si l'on n'est déjà convaincu, qu'elles sont impuissantes à servir de base solide, ou même seulement à porter quelque concours plus remarquable, au bien-être social.

Ainsi donc, en résumé, l'œil attentif et intelligent n'y voit que des utopies disparates, sans consistance et sans avenir. Ici, l'un démolit avec sang-froid ce que l'autre avait déjà commencé à bâtir avec ardeur; ailleurs, l'un ajoute une suite grotesque à des précédents sérieux, ou, en prenant l'inverse, pose une tête grave et imposante sur un tronc grêle et ridicule. De semblables bigarrures sont loin de satisfaire un esprit élevé et un cœur avide de la vérité : mais on ne doit point en être surpris, si l'on considère que ce sont là des fruits de l'homme, mobiles comme ses pensées, éphémères comme sa vie en ce monde.

Au contraire, en ouvrant, sous l'œil de l'Église catholique, les Livres saints et les auteurs qui en font la base de leurs écrits, c'est un tout autre spectacle.

D'abord, on voit briller constamment, au-dessus du tourbillon des pensées humaines, une idée toujours une, toujours invariable, toujours féconde.

Idée grande, lucide et franche, dans son unité.

Idée qui se retrouve aujourd'hui ce qu'elle était autrefois ; à laquelle la distance ni des lieux ni des temps ne saurait rien changer ; et que l'on admire toujours la même dans Bossuet en France et dans Bellarmin en Italie, la même dans saint Bernard et saint Thomas d'Aquin au moyen âge, la même dans saint Augustin et saint Athanase à une époque plus reculée.

Idée qui seule formule un dogme véritable, immobile et unique pour tous ; sur laquelle seule repose, sans jamais hésiter, chanceler ni faiblir, une discipline uniforme dans toutes ses applications, et de laquelle seule découle, avec une abondance intarissable, cette force salutaire et surnaturelle dont l'homme a besoin pour sortir de sa profonde misère, supporter les épreuves de la vie, se réconcilier à Dieu, et franchir l'espace infini qui sépare cette terre d'exil du ciel, sa patrie !

Cette idée, toujours une, toujours invariable, toujours féconde, c'est la Sagesse de Dieu dans l'Église, ineffable Sagesse dont les trésors cachés sont en Jésus-Christ ! Sagesse que les Livres saints nous manifestent dans toute sa beauté, dans toute sa splendeur, dans toute sa richesse ; Sagesse qui ne laisse rien au monde sans y faire pénétrer les rayons de sa lumineuse vérité, pour dissiper partout les ténèbres de l'erreur ; Sagesse qui explique dignement l'homme à l'homme, qui lui révèle Dieu autant que Dieu peut en être compris, qui lui rappelle ses destinées, qui lui trace ses devoirs, qui le soutient dans ses luttes, qui le console dans ses tribulations ici-bas, et le remplit des plus magnifiques espérances pour l'éternité !

Sachons donc que « l'homme ne vit pas seulement de « pain, mais de toute parole qui procède de la bouche de « Dieu (1). Toute parole de Dieu est une flamme ardente, « et un bouclier inexpugnable pour ceux qui espèrent en « elle. N'ajoutez rien à son divin langage, de peur que vous « ne soyez réprimandé et surpris en état de mensonge (2). »

Il ne nous reste plus qu'à insister sur les pressantes paroles du divin Sauveur : « Lisez les saintes Écritures ! »

Oui, lisez les saintes Écritures, vous, jeunes lévites ; vous, prêtres de Jésus-Christ ; vous, vénérables pasteurs des âmes ! Car la Bible, selon la belle expression de saint Ambroise, est le LIVRE SACERDOTAL (3) qui vous est ouvert dans le giron de l'Église, pour y approfondir les mystères augustes de notre sainte religion, vous y éclairer sur les graves obligations de votre sublime ministère, et vous y convaincre de la nécessité pour vous, plus que pour les autres enfants de notre commune mère, d'édifier l'Église par votre foi, par vos vertus et par votre zèle (4) !

Lisez les saintes Écritures, vous, jeunes gens qui entrez dans le monde ; vous, pères et mères qui avancez dans la carrière de la vie ; vous, serviteurs ; vous, maîtres ! Vous vous y pénétrerez de plus en plus du respect que doivent au pouvoir, et celui qui l'exerce et celui qui s'y trouve soumis ; l'un par la justice, l'autre par l'obéissance ; tous par la charité (5) !

(1) MATT., 4, 4 ; et DEUTERON., 8, 3. — (2) PROV., 30, 5-6.

(3) *Sacra Scriptura est liber sacerdotalis.* S. AMBR., lib. 3, *de fide.*

(4) *Inebriabo animam sacerdotum pinguedine ; et populus meus bonis meis adimplebitur.* JÉRÉMIE, 31, 14.

(5) *Supra omnia autem hæc, charitatem habete, quod est vinculum perfectionis.* COLOSS., 3, 14.

Lisez les saintes Écritures, vous qui flottez dans un doute fatigant auquel vous ne voyez point d'issue! et vous reconnaîtrez bientôt, à la lueur de la grâce, la voie salutaire où vous devez marcher pour arriver sûrement au port de la vie bienheureuse (1)!

Lisez les saintes Écritures, vous qui êtes plongés dans le sommeil mortel du péché! et bientôt vous vous réveillerez de votre fatal assoupissement; et le Soleil de justice, Jésus-Christ, éclairera votre conscience pour vous faire songer et pour vous aider à la purifier par la grâce des sacrements (2)!

Lisez les saintes Écritures, vous qui faites vos délices de la piété! Vous y apprendrez à trouver Dieu dans cette sainte solitude du recueillement, où sa miséricorde attire l'âme fidèle, et se plaît à lui parler cœur à cœur (3)!

Lisez les saintes Écritures, vous, vierges modestes; vous, époux fidèles! et vous apporterez une nouvelle ardeur à la culture, en vos âmes, de ce lis mystérieux qui croît au milieu des épines de la vie(4), et qui rappelle aux uns la pureté des anges (5), aux autres la chasteté des saints (6)!

Lisez les saintes Écritures, vous qui pliez sous le poids des tribulations, des épreuves ou des infirmités! et vous élèverez votre voix gémissante vers le divin Consolateur qui disait : « Venez à moi, vous tous qui souffrez, et je vous

---

(1) *Intellectum tibi dabo, et instruam te in via hac qua gradieris; firmabo super te oculos meos.* Ps. 31, 8.

(2) *Surge qui dormis, et exsurge a mortuis, et illuminabit te Christus.* Éphes., 5, 14.

(3) *Ducam eam in solitudinem, et ibi loquar ad cor ejus.* Osée, 2, 14.

(4) *Sicut lilium inter spinas.* Cantic. 2, 2.

(5) *Erunt sicut angeli Dei in cœlo,* Matt., 22, 30.

(6) *Considerantes in timore castam conversationem vestram,* etc. 1. Petr., 3, 2 et suiv.

« soulagerai! » Et le Seigneur enverra sa douce parole, qui vous réjouira, vous délivrera et vous guérira (1) !

Lisez les saintes Écritures, vous qui vivez dans l'opulence, vous qui subsistez du fruit de vos travaux ! C'est en elles qu'apparaît à tous la grâce de Dieu notre Sauveur, nous enseignant à renoncer à l'impiété et aux désirs du siècle, et à vivre ici-bas dans la sobriété, dans la justice, dans la piété, en attendant la bienheureuse espérance et l'avénement de la gloire du grand et souverain Juge, Notre-Seigneur Jésus-Christ (2) !

Lisez les saintes Écritures, vous qui cultivez les sciences, vous qui aimez les arts ! et vous ne tarderez pas à découvrir que ce n'est point un vain nom que se donne le Seigneur, quand il se dit le *Dieu des sciences* (3) ; que c'est lui, le Seigneur, qui enseigne la vérité et donne le génie, ces deux pivots sur lesquels doit rouler tout ce qui s'appelle science ou art (4), avec cette condition, qu'il résiste aux superbes et qu'il donne sa grâce aux humbles (5) !

Lisez les saintes Écritures, vous, vaillants soldats ! et vous saurez porter l'épée, avec plus de dévouement encore, pour le maintien de la justice, l'honneur de la vertu et la gloire de la patrie (6) !

Lisez les saintes Écritures, vous, magistrats ; vous, législateurs ! et vous puiserez à sa véritable source cette sagesse divine qui doit toujours se refléter dans vos lois et dans vos arrêts (7) !

(1) *Et clamaverunt ad Dominum, cum tribularentur ; et de necessitatibus eorum liberabit eos. Misit Verbum suum, et sanavit eos, et eripuit eos de interitionibus eorum.* Ps. 106, 19-20, idem, ibid., 13-14 et 28-29.

(2) TIT., 2, 11-12. —(3) *Deus scientiarum, Dominus est.* 1. REG. 2,3.

(4) Ps., 93, 10 et alibi. — (5) JACOB., 4, 6.

(6) *Non enim sine causa gladium portat. Dei enim minister est : vindex in iram ei qui malum agit.* ROM., 13, 4.

(7) *De vultu tuo judicium meum prodeat : oculi tui videant æquitates.* Ps. 16, 2. Vide et Ps. 71, 2.

Enfin, lisez les saintes Écritures, vous, peuples; vous, rois! et alors vous n'oublierez point que c'est Dieu qui tient en ses mains les trônes dont il dispose à son gré, qui brise ou relève les sceptres, qui donne ou enlève les empires (1), selon que les nations et les gouvernants se rendent dignes de châtiment ou de récompense! Vous comprendrez l'étendue de vos devoirs quand vous prêterez l'oreille à ces terribles accents que l'Esprit-Saint mettait sur les lèvres du psalmiste : « Répandez abondamment votre colère, Seigneur, « sur les nations qui n'invoquent point votre nom (2)! »

Hélas! où en sommes-nous? Le temps presse; ouvrons les yeux; qui nous sauvera?....

« Chose singulière! il n'y a pas d'esprit si faible qui ne prévoie aujourd'hui et ne dénonce à la société les plus grands malheurs, et il n'y a pas d'esprit si fort qui puisse lui offrir un remède, lui indiquer une issue!

« Ce n'est plus seulement le désordre politique, c'est une désorganisation morale d'une profondeur inouïe qui se révèle à tous les degrés de la société humaine, d'un bout de l'Europe à l'autre. L'autorité et le respect, ces deux grandes et saintes choses, ces deux liens providentiels de l'harmonie sociale, ne sont plus, à l'heure qu'il est, que des liens brisés. Qui sait, qui peut aujourd'hui commander? qui veut obéir? Que voit-on de toutes parts? Faiblesse ou violence, orgueil ou bassesse. Dieu manquant dans les âmes, on ne sait être le plus souvent, vis-à-vis du pouvoir, qu'insolent ou servile; et, trop souvent aussi, le pouvoir lui-même ne sait être que faible ou emporté!

« L'autorité digne, l'autorité grande, l'autorité forte, l'autorité bienfaisante, l'autorité qui vient d'en haut, l'autorité qui protége et qui sauve, où est-elle?

« Et le respect! le respect de soi et des autres! le respect de Dieu! le respect de son père et de sa mère! le respect des

____

(1) Daniel, 2, 21; et Prov., 8, 14-16.

(2) Ps. 78, 6.

magistrats et des représentants de la puissance publique ! le respect même de ses enfants ! le respect profond, immuable, divin ! le respect qui élève, qui ennoblit encore plus celui qui le rend que celui qui le reçoit, où est-il (1) ? »

Oh ! oui, le mal est bien grand et bien enraciné; mais le bras de Dieu est plus étendu et plus puissant encore. Le tout est pour nous de suivre les conseils des Livres saints, et de nous convertir sincèrement au Seigneur, pour qu'il se convertisse à nous, et qu'il vienne à notre secours.

Le saint roi David disait encore : « Le Seigneur, en un « clin d'œil, dissipe les desseins des nations; il réprouve les « pensées des peuples et les conseils des princes : mais « le conseil du Seigneur demeure éternellement, et les pen- « sées de son cœur subsistent dans la suite de toutes les « générations. Heureuse donc la nation dont le Seigneur « est le Dieu ! heureux le peuple que le Seigneur a choisi « pour son héritage !... Ce n'est point dans sa grande puis- « sance qu'un roi trouve son salut; et le géant ne se sau- « vera point non plus par sa force extraordinaire. Le cheval « le plus vigoureux peut tromper celui qui en attend son « salut; et toute sa force, quelque grande qu'elle soit, ne « le sauvera point. Mais les yeux du Seigneur sont arrêtés « sur ceux qui le craignent et sur ceux qui mettent leur « espérance en sa miséricorde, pour délivrer leurs âmes de « la mort et les nourrir dans leur faim. Aussi notre âme « attend le Seigneur avec patience, parce qu'il est notre « protecteur et notre appui, parce que notre cœur se ré- « jouira en lui, et que nous avons espéré en son saint nom. « Faites donc paraître votre miséricorde sur nous, Seigneur, « selon l'espérance que nous avons eue en vous (2) ! »

(1) Mgr Dupanloup, évêque d'Orléans. *Lett. past.* du 9 déc. 1849.
(2) Ps. 32, 10-20.

FIN.